Sigrid Ratz

Nähen mit und für Menschen mit Demenz

Hauswirtschaft, Natur und Kunst – eine Brücke in die Welt der Demenz

Verlag Neuer Merkur GmbH

Fotonachweis:
Cover: © Neustockimages/iStockphoto; S. 15, 41, 61, 131: Pixabay; alle anderen Manfred Ringmayr und Sigrid Ratz
Autorenfoto: © Manfred Ringmayr
Klappe innen: Schnittmusterpapier von Prym; Klappe vorne: Lineal für Patchwork- und Quiltarbeiten

Bibliografische Informationen der Deutschen Bibliothek

Die Deutsche Bibliothek verzeichnet diese Publikation in der Deutschen Nationalbibliografie; detaillierte bibliografische Daten sind im Internet über http://www.dnb.de abrufbar.

Verlagsort: Postfach 12 53, DE-82141 Planegg

Sigrid Ratz, Nähen mit und für Menschen mit Demenz, 1. Auflage 2021
Lektorat: Dr. Martina Kliem
Titelgestaltung und Layout: Martina Stolzmann
ISBN 978-3-95409-060-0

Druck: OSDW Azymut. OSDW Azymut Sp. z o.o., Łódž, ul. Senatorska 31

Für Manfred

»Nach Wahrheit forschen,
Schönheit lieben,
Gutes wollen,
das Beste tun«

Moses Mendelssohn
1729 – 1786
deutscher Philosoph

Mit Nadel und Faden ...

... werden aufgegangene Nähte wieder geschlossen und lose Knöpfe wieder befestigt,
... lassen sich Beobachtungen einfangen, die als Stickereien neu lebendig werden,
... lernt der Mensch, seine feinmotorischen Fähigkeiten zu entwickeln,
und es werden Lebenserinnerungen geweckt und Verbindungen hergestellt, damit der rote Faden im Leben gehalten wird.

Mit dem Schlüssel „Hauswirtschaftliche Betreuung" entwickeln sich für die Hauswirtschaft neue Zugänge zu den Feldern der Sozialen Arbeit, der Pflege und des Gesundheitswesens. In der Hauswirtschaft sind es nicht nur die erbrachten Leistungen, die auf der Skala von „satt und zufrieden sein" bis „Hochgenuss und Lebensfreude haben" die Lebensqualität beeinflussen.

In der näheren Betrachtung des Nähens werden Kulturtechniken sichtbar, welche die private Daseinsvorsorge genauso sichern, wie sie Kunstwerke hervorbringen können. Sigrid Ratz hat für die Hauswirtschaft das Nähen neu erschlossen. Sie hat dem gekonnten Umgang mit Nadel und Faden eine weitere Dimension hinzugefügt: den Brückenschlag in die Welt der Demenz.

Es ist ein wichtiger Schritt im hauswirtschaftlichen Tun, die Einzigartigkeit unserer Profession und unseres Könnens zu sehen und dabei die Hauswirtschaft in ihrer Bedeutung und in ihren Wirkungen im Miteinander mit Menschen wahrzunehmen, deren Leben von demenziellen Veränderungen geprägt ist.

Jetzt ist die Zeit, ergänzend zu den Versorger*innenrollen, für die sich Mitarbeiter*innen der Hauswirtschaft die dazu notwendigen Kompetenzen erschlossen haben und diese auch immer wieder verfeiern, die Gestalter*innenrollen mit Leben zu füllen. Das hier vorliegende Buch ist der beste Beweis dafür, wie das über das Nähen mit und für Menschen mit Demenz gelingen kann.

Vielen Dank dafür, dass die Ideen, Möglichkeiten und Techniken des Nähens mit diesem Buch neu wirksam werden können.

Martina Feulner, H wie Hauswirtschaft.
Mitglied im Deutschen Hauswirtschaftsrat e. V.
und in der Deutschen Gesellschaft für
Hauswirtschaft e. V. (dgh)

Liebe Leserinnen und Leser,

schön, dass Sie dieses Buch für sich entdeckt haben. Sicher möchten Sie jetzt gleich wissen, was sich hinter der Idee: »Nähen mit und für Menschen mit Demenz« verbirgt. Dahinter steht der Wunsch, Senioren, die mit all ihren Fähigkeiten und Einschränkungen im Heim oder zu Hause leben, bis ins hohe Alter einzubinden in die alltäglichen Geschehnisse. Vorwiegend geht es dabei um Menschen mit Demenz, aber nicht nur. In der Begegnung mit Senioren in den verschiedensten Lebenssituationen kam mir der Gedanke, eine Verbindung zu schaffen aus **Hauswirtschaft, Natur und Kunst.** Alle drei sprechen auf unterschiedliche Weise die Sinne des Menschen an, wecken sowohl Erinnerungen als auch die Fantasie und so kann es gelingen, auf eine kreative Art die Bedürfnisse von Senioren mit den Möglichkeiten der Hauswirtschaft zusammenzubringen. Mein Schwerpunkt in diesem Buch liegt auf der **Gestaltung von Fühldecken** und anderen Fühlobjekten. Das Nähen soll in diesem Zusammenhang jedoch nicht nur Beschäftigung sein oder dem Zeitvertreib dienen. Deshalb werden Sie zwar viele Gedanken zum Nähen finden, aber darüber hinaus auch andere Ideen und Anregungen, die die Lebenswelt des alten Menschen betreffen und eine Brücke schlagen in die oft schwer zugängliche Welt der Demenz.

Doch bevor wir darüber ins Gespräch kommen, ein paar Worte zu mir.

Nach einer Kindheit und Jugendzeit, in der mich viele Umzüge durch die ganze deutsche Republik und in andere Länder der Welt geführt haben, wollte ich – als es um die Berufswahl ging – auf jeden Fall **mit Menschen arbeiten**. Der Umgang mit Menschen unterschiedlicher Herkunft und Kultur hat mich immer schon fasziniert. Die Krankenpflege schien mir der richtige Weg zu sein, aber es kam anders. Nach dem ersten Ausbildungsjahr, das ich mit großem Interesse und mit viel Freude in München absolviert hatte, bewogen mich persönliche wie familiäre Gründe dazu, nach einem neuen Weg zu suchen. Der Zufall führte mich zu einem katholischen Pfarrer, der eine Haushälterin suchte. Wenn ich mir auch zunächst nicht vorstellen konnte, was sich hinter diesem Berufsbild alles verbirgt, war ich doch neugierig und entdeckte auf diesem Weg die Hauswirtschaft, ein Beruf, der so vielseitig und kreativ ist, dass es mir dabei nie langweilig wurde, und so machte ich nebenberuflich die Ausbildung zur **staatlich geprüften Hauswirtschafterin**. Zusätzlich zu den alltäglichen Pflichten als Pfarrhausfrau ergab es sich, dass ich auch immer mehr Aufgaben im Pfarrbüro übernahm und dadurch im Pfarrhaus täglich Kontakt mit den verschiedensten Menschen hatte: Begegnungen mit trauernden Angehörigen, die einen lieben Menschen beerdigen mussten, kranke Menschen und Senioren, die zu Hause, im Krankenhaus oder Altenheim besucht werden wollten, Neuzugezogene, die Orientierung und erste Anlaufpunkte suchten, Kinder und Jugendliche in verschiedenen Bereichen der Gemeindearbeit, Eltern, die ihr Neugeborenes zur Taufe, und Paare, die ihre Hochzeit anmelden wollten, Bedürftige und Obdachlose, die um Unterstützung baten. All das gehörte nun zu meinem bunten Alltag und schärfte im Laufe der Jahre nachhaltig meine Sinne für einen angemessenen und einfühlsamen Umgang mit jedem einzelnen von ihnen. Diese Eindrücke und die vielen Begegnungen prägten mich. Irgendwann kam dann aber der Wunsch, dass es für mich beruflich noch irgendwie weitergehen müsste …

Auf der Suche nach Weiterbildungsmöglichkeiten entdeckte ich den Beruf der **Geprüften Fachhauswirtschafterin.** Sehr schnell wurde mir klar: Das ist mein Weg! Das ist für mich genau das Richtige! Glücklicherweise bot sich mir die Möglichkeit, nebenberuflich diese Weiterbildung zu machen. Die Fach-

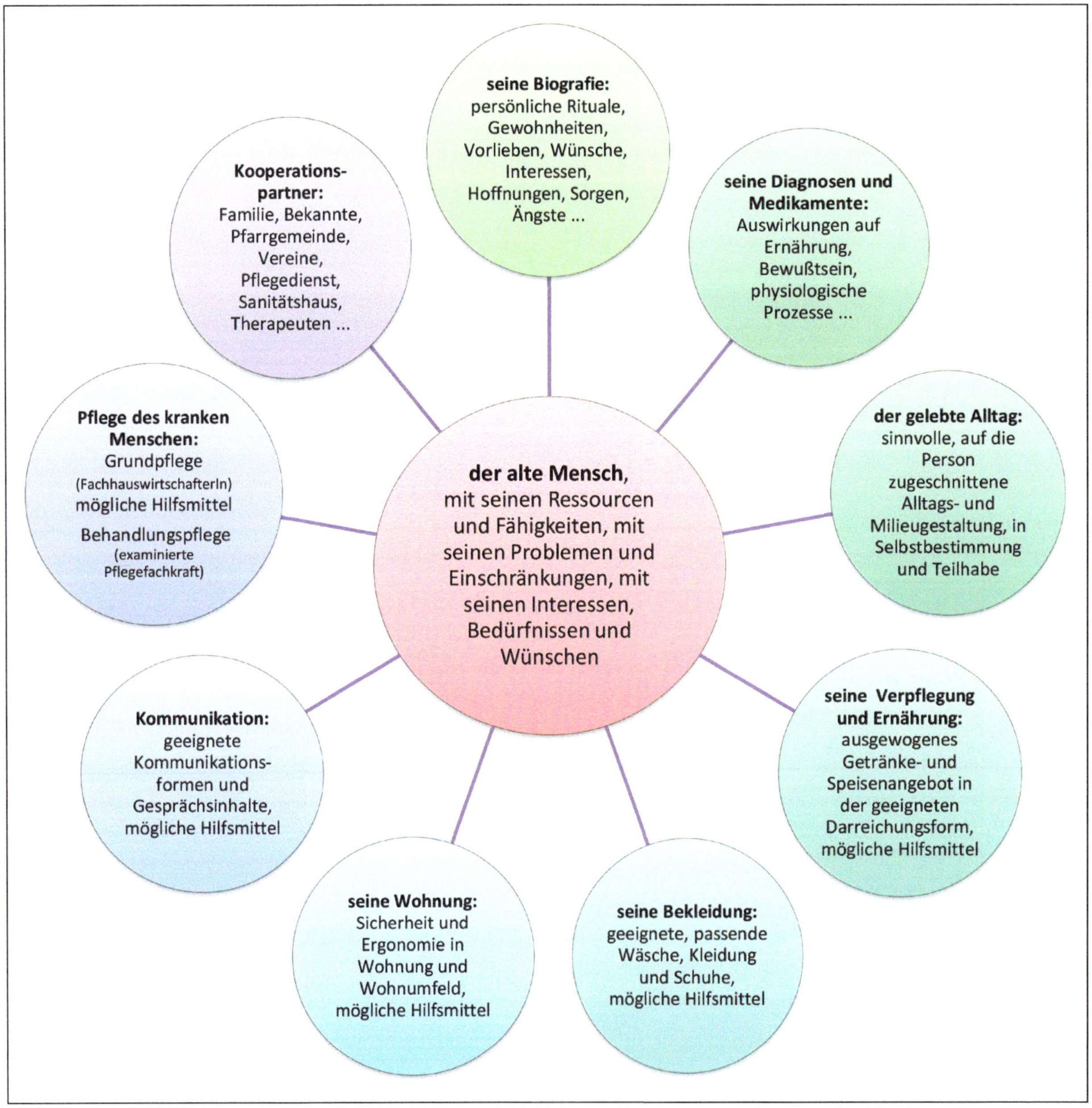

Abb. 1 Der ganzheitliche Ansatz der Fachhauswirtschaft: Betreuung von Senioren und Menschen mit Hilfebedarf

hauswirtschaft ist die **ideale Kombination aus Hauswirtschaft, Betreuung und Grundpflege von alten Menschen,** die im Heim oder zu Hause leben und Unterstützung brauchen. Danach habe ich lange gesucht und bis heute bereitet mir dieser Beruf sehr viel Freude.

Die Fachhauswirtschaft hat einen ganzheitlichen Blick auf den Menschen und das ist auch die Quelle für meine Ideen zum Nähen mit und für Menschen mit Demenz.

Das Berufsbild der Fachhauswirtschafterin umfasst die Sorge um den ganzen Lebensbereich des alten Menschen. Dazu gehört ganz wesentlich der Blick auf die Biografie und den gelebten Alltag, auf Verpflegung, Ernährung und Bekleidung und nicht zuletzt auf ein schönes und sicheres Wohnumfeld.

Die Aufzählung in der oben dargestellten Grafik (Abb. 1) soll nur einen Einblick geben in das Tätigkeitsfeld der Fachhauswirtschafterin und ist keinesfalls vollständig. Es geht immer darum, den ganzen Menschen zu sehen und möglichst umfassend auf seine Bedürfnisse zu antworten. Diese Sichtweise auf den hilfebedürftigen Menschen und meine Leidenschaft fürs Nähen haben mich letztlich auf die Idee gebracht, für Menschen mit Demenz verschiedene Formen von Fühlobjekten zu entwerfen, die ich Ihnen im Praxisteil dieses Buches vorstellen werde. Hinter jedem steckt eine persönliche Begegnung, eine individuelle Geschichte. Eine Fortbildung zur **Demenzfachkraft für die ambulante und stationäre Altenhilfe,** die ich 2019 absolvierte, hat meine Erfahrungen, die ich diesbezüglich in der praktischen Arbeit sammeln konnte, vertieft und nachdrücklich bestätigt.

Vielleicht haben Sie selbst schon Erfahrungen gemacht in der Begleitung von alten Menschen, von Kranken, die auf Unterstützung im Alltag angewiesen sind, von Menschen, deren Leben durch die Diagnose Demenz aus dem Lot geraten ist. So individuell und einzigartig wir alle sind, die wir ehrenamtlich, beruflich oder als Angehörige in der Seniorenbetreuung tätig sind, so individuell und einmalig sind auch unsere Erfahrungen. Jede menschliche Begegnung hat ihre eigene Wahrheit, daher kann man nie sagen, dieses Tun ist richtig und dieses nicht, jenes ist besser als das andere – jedenfalls nicht, solange wir mit wachen Sinnen und offenen Herzen, mit Respekt für den anderen und mit Achtung vor seinem Lebensweg bei der Sache sind.

Dieses Buch erzählt also von meinen persönlichen Erfahrungen und soll im oben genannten Sinn eine Anregung sein für (Fach-)Kräfte in der Hauswirtschaft, für Betreuungsassistenten und Alltagsbegleiter, für Demenzhelfer, für Angehörige und Freunde von an Demenz Betroffenen, für Ehrenamtliche im Besuchsdienst und natürlich für alle grundsätzlich an diesem Thema Interessierten.

Das Buch gliedert sich in vier Teile:

Im ersten Teil zeige ich Ihnen anschaulich und mit Beispielen aus der Praxis, warum es lohnt, sich **auf das »Abenteuer mit Fühl- und Nesteldecken« einzulassen,** was dahinter steckt und welcher Gewinn sowohl für Demenzbetroffene als auch für ihre Begleiter daraus zu erwarten ist. Sie finden nebenbei auch Lesetipps, für den Fall, dass Sie Lust haben, das ein oder andere Thema zu vertiefen.

Im zweiten Teil gebe ich Ihnen allgemeine **Tipps und Tricks** rund um das Arbeiten mit der Nähmaschine und es geht ganz konkret um das Entwerfen und das **Herstellen von Fühlobjekten aller Art.**

Im dritten Teil stelle ich verschiedene Modelle vor. In zwei **Schritt-für-Schritt-Anleitungen** erkläre ich Ihnen ganz ausführlich, wie Sie eine Fühldecke mit doppeltem Nutzen nähen können und wie Sonnenbilder hergestellt werden.

Der vierte Teil rundet das Buch mit zahlreichen praktischen Anregungen ab. Darin finden Sie einen **Biografiebogen, einen Jahreskalender**, eine Liste mit weiterführender Literatur sowie Ideen zum selbst Weiterdenken und … ach, am besten Sie schauen einfach mal rein.

Los geht's …

Sie sind ein Mensch, der gern kreativ arbeitet, der es schätzt, nicht jeden Tag die gleichen Handgriffe zu tun und dieselben Sätze zu sprechen? Sie sind ein Mensch, der sich gern in die Lebenswelt anderer Menschen einfühlt, um zu erspüren, wie es ihnen geht? Sie denken schon mal »um die Ecke« und probieren auch gern etwas Neues aus? Sie haben Freude am Schönen, an der Natur und schätzen den individuellen Ausdruck? Dann haben wir ganz viel gemein und ich will Sie dazu ermutigen, in diesem Sinne neue Wege in der Begleitung alter Menschen einzuschlagen.

Gemeinsam können wir erreichen, dass **Menschen mit Demenz durch den Einsatz von Fühl- und Nesteldecken Freude erleben,** nicht unter Leistungsdruck geraten, dass sie sich angenommen und respektiert fühlen und dass ihnen eine

Möglichkeit geboten wird, mit ihrer Umwelt in Kontakt zu treten oder in Kontakt zu bleiben, selbst wenn die Worte eines Tages versiegen. Denn eins ist ganz sicher: Das Herz wird nicht dement!

Bevor wir starten, noch zwei Anmerkungen:

Selbstverständlich sind immer alle Geschlechter gleichberechtigt gemeint und angesprochen, egal ob im Text die weibliche oder männliche Form gewählt ist.

Die beschriebenen persönlichen Begegnungen haben tatsächlich und mit real existierenden Personen stattgefunden. Selbstverständlich habe ich alle Namen geändert und die biografischen Daten insoweit ersetzt, dass eine eindeutige Identifizierung der Personen im Nachhinein nicht möglich ist. Sollten Sie Ähnlichkeiten mit Ihnen bekannten Menschen feststellen, sind diese rein zufällig und nicht beabsichtigt.

1

Hauswirtschaft, Natur und Kunst

1.1 Entdecken und festhalten

Frau Fischer öffnet mir die Tür

Es war der erste Tag meiner zweiten fachpraktischen Unterrichtswoche und wir Kursteilnehmerinnen waren gespannt, was uns erwarten würde. Als wir uns für die Verteilung auf die verschiedenen Wohnbereiche der Senioreneinrichtung melden konnten, wollte ich gern in die beschützte Wohngruppe mit vorwiegend von Demenz betroffenen Bewohnern. Eine geschlossene Station im Altenheim, das fand ich interessant, kannte ich so etwas bis dahin ja nur von der Psychiatrie (mein Pfarrer war einige Jahre Seelsorger in einem großen Krankenhaus, zu dem auch diverse Abteilungen der Akut- und Langzeitpsychiatrie gehörten).

Gut kann ich mich noch an diesen Tag erinnern, es war schon früher Abend, die Bewohner hatten gegessen und wurden so nach und nach auf ihr Zimmer und ins Bett gebracht. Nur Frau Fischer saß an ihrem Tisch, mit Mantel und Schuhen und zwei großen Taschen neben sich. Sie wartete auf den Zug, mit dem sie heimfahren wollte. Ich setzte mich zu ihr. Sie war angespannt und schaute immer wieder zum Fenster hinaus, es war dunkel. Februar. Die Bäume kahl. Frau Fischer wollte jetzt nicht ins Bett, sie musste in den Zug! Sie wollte nach Hause fahren.

Von Validation und anderen Gesprächstechniken hatte ich bis dahin noch nichts gehört, ich verließ mich einfach auf mein Gefühl und irgendwie kamen wir ins Gespräch. Sie erzählte mir von ihrem Zuhause auf der Schwäbischen Alb, von ihren Kindern, die sie mit Mühe durchbrachte, indem sie Hosen nähte und diese verkaufte. Sie war gedanklich in der Zeit kurz nach dem Krieg. Sie sprach davon, dass ihre »Fischerhosen« schnell bekannt und begehrt waren. Das Nähen hat sie und ihre kleine Familie über Wasser gehalten.

Im Reden und Erzählen wich ihre Anspannung und das Wegfahren trat langsam in den Hintergrund. Wie unser Gespräch endete? Ich weiß es nicht mehr genau. Heute würde ich mich vermutlich bei ihr für die angenehme Unterhaltung bedanken, ihr den Arm anbieten und sie mit ihrem Gepäck in ihr Zimmer begleiten, damit sie sich ausruhen kann von dem langen anstrengenden Tag.

Diese Begegnung hatte mich neugierig gemacht und ich überlegte, ob sie wohl Lust hätte, mit mir zusammen etwas zu nähen?

Am nächsten Tag brachte ich meine Nähmaschine mit, dazu verschiedene Stoffe zur Auswahl, eine Schablone aus Pappe und allerlei sonstiges Nähzeug. Ich wollte ausprobieren ob sie es noch konnte – keine Hose, aber eine kleine Eule fürs Fensterbrett wollte ich mit ihr zusammen nähen. Die Pflegerinnen waren skeptisch – aber ich war nicht von meinem Plan abzubringen. Also bekam ich in einer Nische einen kleinen Tisch zugewiesen, stellte zwei Stühle dazu, baute die Nähmaschine auf. Frau Fischer bat ich, ob sie mir nicht helfen könne mit dem Zuschneiden der Eule. Sie prüfte die Stoffe, wählte aus, was sie für geeignet hielt, gab mir Tipps, wie ich die Schablone anlegen und den Zuschnitt ausführen sollte. Dann zeigte ich ihr die Nähmaschine, sie bekam leuchtende Augen und erklärte mir, wie ihre ausgesehen hatte. Nur selbst nähen, das wollte sie nicht mehr. Wir einigten uns darauf, dass sie mit der Hand das Pedal bedient und ich den Stoff durch die Maschine führe. Das hat wunderbar geklappt, schön langsam um die Kurven herum und auf den geraden Strecken mit ordentlich Tempo! Frau Fischer war begeistert und wir hatten viel Freude bei unserem gemeinsamen Tun. Ganz unbemerkt sammelte sich in unserem Rücken eine Schar von Bewohnern, Angehörigen und Pflegerinnen. Sie bestaunten Frau Fischer in Aktion, hörten die Nähmaschine rattern und erfreuten sich an dem Anblick. Erinnerungen wurden wach und man hörte es flüstern: »Mutti, Du hattest doch auch mal so was …«

Frau Fischer half später noch beim Ausstopfen der Eule mit Watte und empfahl die Schlussnaht nicht von Hand zu machen, wenn schon die Maschine da steht: »Geht schneller, hält besser und wird schöner!«, sagte sie. Am Ende schenkte ich ihr die Eule, sie nahm sie mit auf ihr Zimmer. Als Andenken.

Später konnte Frau Fischer sich nicht mehr konkret an unser gemeinsames Nähen erinnern, aber irgendwie blieb ich ihr doch im Gedächtnis und sie fragte mich immer wieder: »Woher kennen wir uns?«

Dieses Erlebnis hat mir gezeigt: Hier bin ich richtig, so will ich arbeiten! Frau Fischer öffnete mir die Türe in eine für mich neue Welt, die auf eine ganz eigene Art spannend und faszinierend ist. An diesem Tag und durch diese Begegnung wurde mir klar, was ich später noch ausführlich in der Theorie lernen sollte: Es gilt, immer wieder Wege, auch neue Wege zu suchen, um Menschen mit Demenz begegnen zu können. Nicht nur das nüchterne Wort, das sachliche Argument, die schlüssige Erklärung sind gefragt. Es geht um eine Kommunikation, die Wärme braucht, Einfühlungsvermögen, Zeit, Geduld und nicht zuletzt Fantasie, um die Bilder zu entschlüsseln, die sich hinter scheinbar wirren Sätzen und immer gleichen Worten verbergen. Und wenn beides zusammenkommt, eine gelungene Kommunikation auf der verbalen und auf der emotionalen Ebene, dann geschieht etwas im wörtlichen Sinn Bezauberndes: eine Sternstunde in der Begegnung von Mensch zu Mensch! Frau Fischer lud mich ein, in ihre Welt einzutreten. Und ich öffnete ihr im Gegenzug durch unsere gemeinsame Nähstunde eine Türe, die ihr die Begegnung mit sich selbst und mit ihrer Lebensgeschichte ermöglichte.

Zugegeben, die Begegnung mit Frau Fischer geschah in einer besonderen Situation, ich hatte die Ruhe und viel Zeit für sie allein. Aber – was einmal geht, das geht auch öfter. So dachte ich damals und so denke ich auch noch heute. Gut, das ist nicht immer ganz einfach. Wer das erreichen möchte, wird immer wieder nach geeigneten Wegen suchen müssen. Auf ausgetretenen, ereignislosen Pfaden wird es selten gelingen. Außerdem ist jeder Mensch anders. Da gibt es kein Patentrezept. Aber: Der Kopf ist rund, damit das Denken die Richtung ändern kann! Will heißen: Nur, wer bereit ist, Altbekanntes und Gewohntes im Umgang mit anderen Menschen aufzugeben, wird Wege zur Begegnung entdecken. Wer andere Menschen begleitet, übernimmt eine große Verantwortung, denn schließlich geht es nicht darum, die eigenen Vorstellungen durchzusetzen, sondern herauszufinden, was der zu begleitende Mensch will, was er braucht und gern mag (vgl.: MDS 2019).

Diese Erkenntnisse in das alltägliche Tun einzubinden ist die erste und wichtigste Aufgabe für die Begleitperson.

Für Menschen, die von einer Demenz betroffen sind, ändert sich alles. Die Welt gerät ins Wanken und das frühere Leben vor der Diagnose lässt sich nicht festhalten … Das ist nicht nur für den Erkrankten selbst eine schwierige Situation, sondern ebenso für Angehörige, Freunde und Bekannte. Kommt der Demenzbetroffene zeitweise oder dauerhaft in Kontakt mit professionellen Betreuungseinrichtungen, besteht die Gefahr, dass durch

MDS Grundsatzstellungnahme (Dez. 2019): **Menschen mit Demenz.** Begleitung, Pflege und Therapie. Dortmund: Koffler DruckManagement GmbH

Ich finde, es lohnt sich, nachzulesen, was der Medizinische Dienst des Spitzenverbandes Bund der Krankenkassen tatsächlich fordert und in seiner Stellungnahme formuliert. Darin finden sich viele gute und wertvolle Impulse für die tägliche Begleitung demenzbetroffener Menschen, sowohl für den Bereich der stationären Pflege als auch der Betreuung zu Hause. Wer zum Beispiel die Kapitel »Leben mit Demenz« und »Professionelle Versorgung von Menschen mit Demenz« gelesen hat, wird feststellen, dass die Suche nach neuen Wegen der Begleitung, die Achtung der Selbstbestimmung und der Respekt vor der Willensbekundung des demenziell veränderten Menschen ganz groß geschrieben werden.

Routine, Zeitdruck, häufigen Personalwechsel, etc. verloren geht, was den Menschen einmal ausgemacht hat: seine Erfahrungen und Erinnerungen, seine Vorlieben und Abneigungen … all das bleibt den Mitarbeitern aus Pflege, Hauswirtschaft und Betreuung verborgen.

Vor diesem Dilemma stand ich viele Male, als Menschen mit Demenz neu in die Einrichtung kamen. Denn selbst wenn es eine ausführliche Pflegedokumentation gibt, weiß man immer noch nicht, wer dieser Mensch tatsächlich ist, kennt nicht seine Vorlieben, weiß nichts von seinen Abneigungen. Ein Leben lässt sich eben nicht in Zahlen und Fakten darstellen. Wer einen anderen wirklich begleiten und nicht nur sagen will, wie alles in Zukunft zu funktionieren hat, der muss sich ehrlich bemühen, den Menschen, den er vor sich hat, erst einmal kennenzulernen.

Nur wenn es uns gelingt, dem Menschen in seiner Demenz zu begegnen, begreifen wir, was augenblicklich für ihn wichtig ist:

»Ich weiß, dass ich es nach wie vor brauche, als ein DU gesehen zu werden, und will, dass mein Personsein gewürdigt wird. Bitte begreift: Ich bin noch da.« (Taylor 2007)

Selbst wenn ein Mensch sich in seiner Krankheit verändert, so bleibt dennoch die Person erhalten. Diese Person zu erkennen, ihr mit Respekt zu begegnen ist eine Grundvoraussetzung im täglichen Miteinander. Dazu gehört, dem alten Menschen das Recht auf Selbstbestimmung einzuräumen, seinem Bedürfnis nach Einbeziehung in die täglichen Abläufe und Entscheidungen gerecht zu werden und die Wahrung seiner Identität zu unterstützen. Auch und gerade dann, wenn sich Demenzbetroffene nicht mehr so wie früher auf die gewohnte Weise ausdrücken können, gilt es nach Wegen zu suchen, um miteinander in Kontakt zu kommen.

Auf der Suche nach einer einfachen Möglichkeit, im Alltag solche Begegnungen anzustoßen, habe ich 2014 erstmals eine selbst gefertigte Nesteldecke in die Arbeit mitgenommen. Das Ergebnis war verblüffend: Ohne viele Worte war das Interesse der Bewohner geweckt, sie waren neugierig, wollten sehen, was ich dabei hatte, und nahmen die Fühldecke in Augenschein. Sie entdeckten verschiedene Stoffe, Muster, allerlei Accessoires und untersuchten eingenähte Taschen. Auf diese Weise kamen wir ganz ungezwungen ins Gespräch …

Aber der Reihe nach. Wie gesagt, ich suchte nach Wegen, mit den Bewohnern in Kontakt zu kommen, ohne sie auszufragen und ohne sie in Bedrängnis zu bringen, weil sie vielleicht gerade keine Lust hatten, sich mit mir zu unterhalten, oder weil sie meine Fragen nicht verstehen konnten.

Vielleicht haben Sie schon von der Methode des Therapeutischen Tischbesuchs gehört? Bernd Kiefer hat 1990 diese Form der Kurzzeitaktivierung entwickelt. Vereinfacht erklärt funktioniert das so: Die Betreuungsperson geht auf den Bewohner zu, nimmt Augenkontakt auf, begrüßt ihn namentlich und gibt ihm die Hand. Um die Kommunikation in Gang zu bringen, wird ein einzelnes Objekt gezeigt oder eine Fühlschnur, an der mehrere thematisch zusammenpassende Objekte angebracht sind. Der Bewohner erhält so indirekt die Aufforderung, sich dazu zu äußern, vielleicht sogar etwas von sich zu erzählen. Die Betreuungsperson verabschiedet sich wieder mit Augenkontakt und Handschlag. Die vorgesehene Zeit pro Bewohner beträgt 2 bis 3 Minu-

Taylor, Richard (2007): **Alzheimer und ich.** 3. ergänzte Auflage 2011, Bern: Verlag Hans Huber

Richard Taylor, Professor der Psychologie, selbst an Alzheimer erkrankt und inzwischen verstorben, beschreibt seine Gedanken und sein Erleben sehr eindrucksvoll. Ein bewegendes und zum Nachdenken anregendes, persönliches Zeugnis von »inside out« (von innen nach außen, S. 69), wie er selbst es formuliert.

ten. Es soll systematisch vorgegangen werden, am besten täglich und mit jedem Bewohner (vgl.: Kiefer/Rudert 2007).

Die Idee an sich fand ich gut. Nur an der starren, systematischen Vorgehensweise konnte ich keinen Gefallen finden. Das passte nicht zu mir und nicht zu der Art, wie ich gern mit den Bewohnern in Kontakt treten wollte. Oft sitzen ja die alten Damen und Herren zu mehreren am Tisch oder auf der Couch, da fand ich es unangebracht, immer nur einen Einzelnen anzusprechen und die anderen währenddessen auszublenden. Außerdem wollte ich keinen Druck aufbauen, um Begegnungen zu erzwingen.

Die Sache mit den Fühlschnüren übernahm ich (vgl.: Kiefer/Rudert 2009) – und steckte sie in kleine selbst genähte Taschen mit auffälligem Stoffmuster, die hielt ich gut sichtbar in der Hand und spazierte damit durch den Wohnbereich. Es dauerte auch nicht lange, da hatten die Damen meine neue Tasche erspäht und fragten: »Was haben Sie denn da drin in dem Täschchen?« Sie schauten hinein, packten aus und wir kamen so ganz entspannt miteinander ins Gespräch.

Solche Taschen sind zum Beispiel hervorragend geeignet, um selbst auszuprobieren, ob einem diese Art von Kommunikation, von Kontaktaufnahme liegt. Sie sind leicht herzustellen und gut mitzunehmen. Im Praxisteil stelle ich Ihnen ein paar Modelle dieser Taschen vor (siehe Kapitel 3.1).

Eine Fühldecke für Frau Paul

Eine Vorgehensweise wie eben beschrieben setzt allerdings voraus, dass sich Menschen noch relativ gut ausdrücken und die Fühlschnüre mit ihren Händen halten können. Frau Paul konnte das nicht mehr. Sie saß im Rollstuhl. Sie sah nicht mehr gut. Die Alzheimerdemenz war bei ihr schon weit fortgeschritten, sie rief mal laut, mal sehr laut, die immer gleichen Worte, die niemand verstand. Und dabei wischte sie ohne Unterlass. Sie wischte den Tisch, sie wischte ihre Beine. Sie wischte die meiste Zeit des Tages. Die Mitbewohner waren genervt. Das Personal auch. Man suchte also nach einer Ecke, »wo sie keinen störte«. Manchmal holte man sie nur zum Essen aus ihrem Zimmer. Frau Paul hatte kein Auge für meine Fühltasche – und die Fühlschnur war schneller vom Tisch gewischt, als ich schauen konnte: Ich musste einsehen, so funktioniert das nicht. Es musste also etwas anderes sein, mit dem sie sich beschäftigen konnte, etwas, das nicht gleich herunterfiel und etwas, das strapazierfähig war. Ihr Biografiebogen gab mir keinerlei Anhaltspunkte außer die Information, dass Frau Paul einmal ein kleines Textilkaufhaus besessen hatte. Jetzt erinnerte ich mich, worüber ich einmal in einer Wochenzeitung gelesen hatte: In diesem Artikel war von einer Fühldecke die Rede! Vielleicht wäre das etwas für Frau Paul, vielleicht ließ sie sich ansprechen von verschiedenen Stoffen und Kurzwaren? Daran dürfte sie sich bestimmt noch erinnern. Diese Materialien könnten ihr eine Tür in ihr früheres Leben auftun. Also setzte ich mich zu Hause an die Nähmaschine und fertigte aus Stoffresten und diversen Nähutensilien eine Decke, und als sie fertig war, nahm ich sie mit in die Arbeit. Frau Paul saß wie immer rufend an ihrem Tisch und wischte. Nachdem ich sie begrüßt und ihr dies und das erzählt und ihr genügend Zeit gegeben hatte, auf mich aufmerksam zu werden, registrierte sie, dass ich bei ihr war. Sie schaute

Kiefer, Bernd; Rudert, Bettina (2007): **Der Therapeutische Tischbesuch.** TTB – die wertschätzende Kurzzeitaktivierung. Hannover: Vincentz Network

Kiefer, Bernd; Rudert, Bettina (2009): **Die TTB – Fühlschnur.** Materialien zur wertschätzenden Kurzzeitaktivierung. Hannover: Vincentz Network

Beide Bücher ergänzen sich, stellen die Methode anhand vieler Praxistipps und geeigneter Materialien vor.

Abb. 1.1 Fühldecke Frau Paul

von »ihrer Arbeit« immer wieder auf und nickte mir freundlich zu. Langsam und sehr gespannt auf ihre Reaktion holte ich die Fühldecke unter dem Tisch hervor.

Sie hielt im Wischen inne, sah mich etwas überrascht an, streckte ihre Hand aus und begann, die Decke zu untersuchen. Sie war mit einem Mal so konzentriert bei der Sache, dass sie ganz still wurde. Immer wieder klopfte sie auf den Bommel, untersuchte die verschiedenen Felder, strich über die unterschiedlichen Stoffe, probierte den Reißverschluss aus, drehte die Decke hin und her, knautschte das Herzchen und fingerte an den Hemdknöpfen herum. Ich war mehr als überrascht – und Frau Paul für gut eine halbe Stunde beschäftigt. Während sie sonst laut rufend am Tisch saß, murmelte sie jetzt nur leise vor sich hin. Diese veränderte Atmosphäre machte nun andere Bewohner neugierig. Zwei Damen setzten sich dazu und wollten ebenfalls schauen und fühlen …

Der wache Blick von Frau Schmitz

Für mich ist es immer eine ganz spannende Geschichte, wenn jemand neu in die Einrichtung kommt, wenn ich jemanden kennenlerne, den ich begleiten darf. Wer ist dieser Mensch? Wer verbirgt sich hinter dem Namen? Welche Lebensgeschichte hat diesen Menschen geprägt?

Erst wenn wir die Einzigartigkeit des uns anvertrauten Menschen entdecken, können wir versuchen, seine Persönlichkeit zu bewahren und zu stärken.

Erst dann können wir versuchen, ihm eine Stimme zu verleihen, wo er gar nicht mehr zu Wort kommt oder vielleicht nur noch sehr leise spricht.

Erst dann können wir versuchen, der Lebenswirklichkeit des alten Menschen so gut wie möglich gerecht zu werden und dabei die Spielräume zu nutzen, die der Heimbetrieb zulässt.

Ich bin überzeugt, dass sich immer ein Weg findet, wenn man nur ehrlich und beharrlich danach sucht. Glauben Sie mir, es lohnt sich! Wer sich darauf einlässt, wird belohnt mit tiefer Freude über gelungene Begegnungen und daraus erwachsende menschliche Beziehungen.

Manchmal braucht es gar nicht viel, manchmal geschieht es in einem kurzen Augenblick. Ich denke da an Frau Schmitz, eine Dame von 94 Jahren, schlohweißes Haar, Brille und mit viel Kraft in Armen und Händen. Wenn sie es wollte, konnte sie weit und zügig mit ihrem Rollator gehen. Sie wusste nur alleine nicht, wohin sie gehen sollte und deshalb blieb sie lieber an ihrem Tisch sitzen. Man gewöhnte sich daran, dass sie immer nur dasaß. Eines Tages wurde der Rollator zur Seite gestellt, damit er keinen störte. Nun konnte sie nicht mehr selbstständig loslaufen, selbst wenn sie es gerade gewollt hätte. Sie sprach fast nie. Sie schaute, oft mit scheinbar leerem Blick – und was sie dabei sah? Niemand kann es genau wissen. Sie hat es keinem erzählt. Sie war eine stille Frau und so liefen immer alle an ihr vorbei. Eines Tages hockte ich mich neben sie, die Unterarme auf der Tischplatte aufgestützt, wartete, bis sie mich ansah, und fragte: »Wie geht es Ihnen, Frau Schmitz?« Sie sagte nichts, sie streichelte mich zärtlich am Unterarm und schaute mir mit klarem, wachem Blick direkt in die Augen. Für einen kurzen Moment öffnete sie ihre Türe einen kleinen Spalt … Solche Augenblicke sind kostbar und machen Begegnungen möglich, an die man nicht mehr geglaubt hat.

Frau Hübner und die Gänse

Biografiebögen fristen häufig ein trauriges Dasein. Sie gehören natürlich zu den wichtigen Dokumenten beim Einzug eines Bewohners in die Einrichtung oder wenn jemand neu in die ambulante Betreuung aufgenommen wird. Zu Recht, ist doch unser Leben immer ein Ganzes, das Heute ist nicht denkbar ohne das Gestern. Obwohl von einem Baum nur der Stamm und die Krone sichtbar sind, so wissen wir alle, dass er, je älter der Baum ist, unsichtbar ein weit und tief verzweigtes Wurzelwerk hat. Wenn wir nun nach der Biografie eines Menschen fragen, so suchen wir nach seiner Lebensgeschichte, nach seinen Wurzeln. Die Biografie ist das Fundament, auf dem wir das Heute gestalten und das Morgen planen. Geschichten, besonders Lebens-Geschichten sind niemals statisch, sie sind immer im Fluss, verändern sich und bleiben nur lebendig, wenn sie fortgeschrieben werden. Das heißt konkret: Wir können den Menschen, der uns anvertraut ist, nur dann angemessen begleiten, wenn wir seine bisherige Lebensgeschichte zumindest in den wesentlichen Punkten kennen. Begleitung gelingt, wenn wir aufmerksam sind, für das, was er uns heute als für ihn wichtig zu erkennen gibt, und wenn wir versuchen herauszuhören, was er sich für das Morgen erhofft und wünscht. Wenn nun aber im Biografiebogen nicht viel Erhellendes drinsteht, wie können wir dennoch mehr über den Menschen erfahren, den wir begleiten? Am besten, indem er es uns selbst erzählt! Eine mögliche Brücke für dieses Erzählen sind Fühlobjekte, wie ich sie Ihnen in Kapitel 3 noch genauer vorstelle.

Dabei kommt mir gerade Frau Hübner in den Sinn. Sie war schon seit einigen Jahren von Demenz betroffen, immer interessiert an ihrem Umfeld und von einem sonnigen Gemüt. Nur eines machte uns im Pflege- und Betreuungsteam Sorgen: Frau Hübner aß nicht mehr genug. Der Speisenplan wurde ihr schon lange nicht mehr vorgelesen, sie verstand nicht mehr, dass sie sich eines der beiden Gerichte auswählen konnte.

Für Frau Hübner jedenfalls galt die Vorgabe: Süßspeisen bestellen, da ja bekanntlich bei fortschreitender Demenz eine Süßpräferenz anzunehmen ist. Sie bekam also Marmelade zum Frühstück, mittags Süßspeise und Dessert, nachmittags Kuchen oder Kekse, dazu gesüßten Kaffee und abends zusätzlich zum Abendbrot Fruchtjoghurt oder Pudding.

Praxistipp: Speisekarten
Die meisten Speisenpläne wiederholen sich in einem regelmäßigen Turnus. Es könnte hilfreich sein, für jede Woche eine Speisekarte zu erstellen. Vielleicht fragen Sie in einer Gaststätte nach, ob man Ihnen für diesen Zweck eine Mappe überlässt? Ansonsten sind sie über den Gastro-Bedarf erhältlich. Wenn Sie die Speisen fotografieren, die Abbildungen beschriften, ausdrucken, laminieren und einheften, kann der Demenzbetroffene vielleicht anhand der Bildkarten die Gerichte erkennen und Ihnen signalisieren, was er gern essen möchte (vgl.: MDS 2014). Bilder wirken außerdem appetitanregend – Sie kennen das von sich selbst, wenn Sie Rezepthefte oder Kochbücher durchblättern. Ein gutes Foto macht gleich viel mehr Lust als nur eine dürre Überschrift über der Zutatenliste. Die Bildkarten sind auch geeignet, um sie am Tagesaushang anzubringen. Für die Bewohner ist es immer von Interesse zu wissen, was es zu essen gibt! Die Erstellung der Bildkarten kann in Kooperation mit Hauswirtschaft und Küche geschehen. So eine bebilderte Speisekarte stellt eine Wertschätzung für die Arbeit der Köche dar und kann zugleich eine Hilfestellung sein für die Speisenausgabe. Anhand der Bilder können nämlich auch Alltagsbegleiter, Pflegekräfte oder andere an der Essensausgabe beteiligte Mitarbeiter sehen, wie das Essen appetitlich auf dem Teller angerichtet werden soll.

Eines Nachmittags war ich mit der Frühlingsdecke auf dem Weg zu einer bettlägerigen Bewohnerin.

Frau Hübner saß an ihrem Platz im Speisesaal, schaute ganz zufrieden in die Runde, sah mich, erwiderte mein Winken und bedeutete mir, zu ihr zu kommen. Ihr war nicht entgangen, dass ich etwas unter den Arm geklemmt hatte. Bereitwillig machte sie Platz, ich setzte mich neben sie, legte die Decke (Abb. 3) auf den Tisch und ließ ihr Zeit zum Schauen. Plötzlich entdeckte sie den dunkelblauen Stoff mit den Gänsen. Sie tippte immer wieder mit dem Finger darauf und aus dem, was sie auf ihre Art und mit den Worten, die ihr gerade zur Verfügung standen, erzählte, konnte ich zusammenpuzzeln, dass sie auf einem Bauernhof aufgewachsen war. Ihr Vater war Metzger gewesen und hatte einen eigenen Laden besessen. An Sankt Martin und zu Weihnachten wurden die Gänse geschlachtet, die sie als Kind mitversorgte. Bei Hübners gab es immer Fleisch und Wurst, wurde doch in der Metzgerei nicht immer alles verkauft – und weggeworfen hat man damals nichts! Diese Information war neu, ich dokumentierte sie und gab sie an das Team weiter. Daraufhin änderten wir die Essensbestellung für Frau Hübner. Sie bekam wieder Fleisch und Wurst, sie aß mit Appetit und Freude und ihr Gewicht stabilisierte sich wieder.

So überraschend und erfreulich können die »Nebenwirkungen« sein bei der Verwendung von Fühldecken. Wichtig ist nur, diese neuen Erkenntnisse wahrzunehmen und sie so zu dokumentieren, dass sie auch denjenigen verfügbar sind, die ebenfalls diesen Demenzbetroffenen begleiten. Und das ist oftmals gar nicht so einfach. Lange habe ich mir darüber Gedanken gemacht, wie es gelingen kann, dass unter Wahrung des Datenschutzes und des Persönlichkeitsrechtes solche Informationen unkompliziert einsehbar sind für alle, die verantwortlich diesen Menschen begleiten. Im Anhang Kapitel 4.3 finden Sie unter dem Stichwort Weißbuch eine Anregung zum Selber-Weiterdenken.

Abb. 1.2
Fühldecke Frühling

1.2 Wahrnehmen – umsetzen – begegnen

Milieuanalyse

Bevor es mit dem Nähen losgeht, ist es wichtig, sich bewusst zu machen, dass Fühl- und Nesteldecken nicht nur der Beschäftigung und dem Zeitvertreib dienen. In einem ersten Schritt wäre zu überlegen, was mit der Nesteldecke erreicht werden soll, für wen sie gedacht ist? Ist eine Fühldecke überhaupt geeignet oder müsste es etwas anderes sein? Vielleicht besser ein Fühlkissen oder ein Fühlbuch?

Um das herauszufinden, muss man als erstes den Menschen beobachten, den wir mit dem Fühlobjekt erreichen wollen. Wir müssen also zunächst versuchen, uns in seine Situation hineinzufühlen.

Probieren Sie es am besten selbst einmal aus: Setzen Sie sich an den Platz, an dem sonst der Mensch sitzt, an den Sie jetzt denken. Wie fühlt es sich an? Nehmen Sie seine Sitzposition ein. Schließen Sie die Augen und konzentrieren Sie sich für ein paar Minuten auf die Umgebungsgeräusche, auf Stimmen in der Nähe sitzender Mitbewohner und vorbeilaufender Menschen, achten Sie auf den Lärmpegel, Telefonklingeln, Türenschlagen, aber auch auf Geräusche, die vielleicht durchs geöffnete Fenster dringen: Vogelstimmen, Hundegebell, Kirchenglocken, Autos, Fahrradklingeln, spielende Kinder ... Öffnen Sie die Augen, halten Sie sich die Ohren zu. Was und wen sehen Sie? Wiederholen Sie dieses kleine Experiment zu verschiedenen Tageszeiten und behalten Sie die Informationen, die Sie im Blick auf Ihren Betreuten gewonnen haben, im Hinterkopf.

Praxistipp: Körpergrenzen

Vielleicht probieren Sie Folgendes zu Hause aus. Am besten nehmen Sie sich etwa zehn Minuten Zeit für dieses Selbstexperiment, vielleicht einmal morgens vor dem Aufstehen: Bleiben Sie eine Weile reglos liegen wie Ihr Betreuter. Achten Sie dabei auf Ihr Körpergefühl, spüren Sie, wo genau Ihr Körper auf der Matratze aufliegt, an welcher Stelle Ihr Kopf das Kissen berührt, wie schwer die Decke sich anfühlt. Bewegen Sie sich nun nicht mehr. Bereits nach wenigen Minuten werden Sie feststellen, dass Sie Ihre zuvor bewusst empfundenen Körpergrenzen nicht mehr so eindeutig spüren, und je länger Sie so liegen bleiben, desto mehr schwindet das Empfinden dafür, wo der eigene Körper anfängt und wo er aufhört. Das Gefühl, sich selbst nicht mehr zu spüren, sich zu verlieren, kann mitunter so ausgeprägt sein, dass es bei manchen Menschen die Ursache ist für Kratzen, Klopfen, Nesteln am eigenen Körper.

Scholz-Weinrich, Gabriele; Graber-Dünow, Michael (2015): **Lebensraum Bett.** Bettlägerige alte Menschen im Pflegealltag. Hannover: Schlütersche Verlagsgesellschaft

Die Autoren betrachten aus verschiedenen Perspektiven den Lebensbereich Bett und sensibilisieren den Leser in Fragen der Ethik, der Medizin und Pflege, der Betreuung, Milieu- und Alltagsgestaltung.

Fragen Sie sich auch: Wie gut hört und sieht er? Trägt er eine Brille oder ein Hörgerät (und hat er sie auch an)? Hat er Einschränkungen, die sein Gesichtsfeld eingrenzen? Das können zum Beispiel Augenerkrankungen sein oder Mobilitätsstörungen der Halswirbelsäule.

Wo hält er sich meistens auf? Sitzt er dabei im Rollstuhl, auf der Couch, im Ruhesessel, am Tisch?

Wie fühlt sich die Umgebung an? Ist es hell und sonnig an diesem Platz? Ist es warm oder zugig? Ist es ein abgeschiedener Platz oder ein Ort, an dem Personal, Besucher und Servierwagen vorbeirumpeln? Kann man durch ein Fenster schauen? Was sieht man?

Wie verhält er sich, wenn er allein ist? Ist er zumeist ruhig, beschaulich, in sich gekehrt oder eher seinerseits beobachtend, am Umfeld interessiert? Ist er nervös, unruhig, rutscht auf seinem Platz hin und her, macht auf sich aufmerksam durch Rufen oder Klopfen, zupft an allen erreichbaren Gegenständen herum?

Oder bleibt er nur ganz kurz irgendwo sitzen und eilt dann wieder weiter, rastlos, suchend?

Vielleicht liegt er auch hauptsächlich im Bett? Kann er sich selbstständig bewegen oder wird er gelagert? Schauen Sie ganz genau hin und versuchen Sie, den Ausschnitt wahrzunehmen, der sein Blickfeld ausmacht. Was kann er da erkennen? Wie muss er sich sein Lebensumfeld vorstellen, bei dem, was er sieht und hört? Hat er auch im Bett seine Brille und sein Hörgerät an? Kommt er selbstständig an sein Nachtkästchen – und was liegt dort für ihn griffbereit?

Wenn Sie jetzt von der Situation Ihres Betreuten ein Bild im Kopf haben, können Sie bereits wichtige Details Ihrer Fühldecke skizzieren.

Die Größe: Sie wissen ja nun, ob Sie etwas nähen wollen, was z. B. auf einem Tisch zu liegen kommt, im Bett verwendet wird oder vielleicht sogar an der Wand oder am Bettgitter befestigt werden soll.

Die Form: Ist eine Decke gut geeignet, oder besser ein Kissen für die Couch, ein Bild, eine Rolle oder ein Buch? Oder Sie brauchen etwas, das

»mitwandert«, zum Beispiel eine Schürze oder ein Arbeitskittel?

Sie haben versucht, sich ein wenig in das Sitz- oder Liegegefühl Ihres Betreuten hineinzufühlen. Sie haben versucht, zu erspüren, welche Atmosphäre an seinem Platz herrscht, wie sich die akustischen und optischen Verhältnisse für ihn darstellen. Und Sie haben sich darüber Gedanken gemacht, wie mobil Ihr Betreuter ist. All diese Beobachtungen fließen in die Ausgestaltung des Fühlobjektes mit ein. Im Praxisteil komme ich wieder darauf zu sprechen (siehe Kapitel 2.4). Dazu also später mehr.

Je nachdem wie die **Fühl- und Nestelelemente** eingesetzt werden, wie sie ausgestaltet sind, erfüllen sie verschiedene Funktionen:

- Sie regen die Sinne an:
  Verschiedene Stoffe und Gegenstände stimulieren den Tastsinn, verschiedenen Farben und Formen den Sehsinn. Duftende Accessoires, wie beispielsweise Lavendelkissen oder Gewürzsäckchen, regen den Geruchssinn an und klingende Accessoires, wie Glöckchen oder eine Spieluhr, den Hörsinn.
- Sie fördern die Bewegung:
  Finger und Hände werden durch das Befühlen und Ertasten mobilisiert. Die Fühlelemente erhalten und fördern die Fähigkeit zur Auge-Hand-Koordination und unterstützen den Gleichgewichtssinn durch Veränderung der Körperhaltung während der Beschäftigung.
- Sie wecken Erinnerungen:
  Unser Gehirn ist meisterhaft im Erkennen von Mustern und so strukturiert, dass es beispielsweise genügt, einen Apfel zu sehen (egal ob als Foto, aus Stoff oder in echt), um die neuronalen Netzwerke zu aktivieren, die in irgendeiner Form mit dem Apfel in Verbindung stehen. So fällt uns beispielsweise sofort und unbewusst ein, was wir rund um den Apfel erlebt haben: Omas guter Apfelkuchen, das erste selbst gekochte Apfelmus, der prächtig blühende Apfelbaum auf der Wiese, der versehentlich durchgebissene Wurm im geklauten Apfel aus Nachbars Garten … Jeder unserer Sinne ist in der Lage, solche Erinnerungen zu wecken (vgl.: Korte 2017 und Spitzer 2000). Je mehr zusammenpassende Sinneseindrücke gleichzeitig wahrgenommen werden, desto intensiver der Erinnerungseffekt. Behutsamkeit beim Einsatz von Fühlobjekten ist deshalb besonders wichtig, denn es können – natürlich unbeabsichtigt – auch negative Erinnerungen geweckt werden. Bei Menschen, die man noch nicht gut kennt und die sich nicht mehr äußern können, ist es deshalb ratsam, anfangs immer dabei zu bleiben, gut zu beobachten und die Reaktionen zu dokumentieren.

Korte, Martin (2017): **Wir sind Gedächtnis**. Wie Erinnerungen bestimmen, wer wir sind. München: Deutsche Verlags-Anstalt

Martin Korte ist Professor für Neurobiologie an der Technischen Universität Braunschweig und widmet sich der Gehirnforschung. Sein, auch für medizinische Laien wie mich, sehr gut lesbares Buch gibt spannende Einblicke in die Verortung von Erinnerung und in die Funktionsweise neuronaler Netzwerke. Das Buch entführt den Leser in das komplexe Wunderwerk Gehirn und zeigt auf, wie sehr wir in unserer Persönlichkeit von unseren Erinnerungen und von unserem Gedächtnis geprägt sind.

Wer noch mehr wissen will über neuronale und assoziative Netzwerke, darüber, wie unser Gehirn aufgebaut ist, wie es funktioniert und sich organisiert, dem sei dieses Buch von Manfred Spitzer, Professor für Psychiatrie an der Universität Ulm, wärmstens empfohlen:

Spitzer, Manfred (2000): **Geist im Netz.** Modelle für Lernen, Denken und Handeln. Heidelberg/Berlin: Spektrum Akademischer Verlag

- Sie erzeugen Wohlbefinden:
  Fühl- und Nestelelemente sollten immer mit Sorgfalt hergestellt werden, denn es ist von großer Bedeutung, dass sie als schön, interessant und abwechslungsreich empfunden werden. Sie sollten – besonders im privaten Bereich – möglichst auf den Menschen mit Demenz individuell abgestimmt werden; das ist ein Ausdruck der Wertschätzung und des Interesses an der Person.
- Sie schenken Freiheit:
  Menschen mit Demenz, denen Fühl-und Nestelelemente angeboten werden, sind frei darin, zu entscheiden, ob sie dieses Angebot annehmen und wie weit sie sich öffnen, was sie von sich selbst preisgeben möchten. Echte Begegnung kann nur in Freiheit und mit Respekt geschehen.
- Sie ermöglichen Teilnahme und Teilhabe im Herstellungsprozess:
  Die zu verwendenden Materialien sollten zusammengestellt werden unter Berücksichtigung der oben genannten Beobachtungen (Milieuanalyse) und der Informationen aus der Biografie des Demenzbetroffenen. Bei der Auswahl der Stoffe können private Textilien verwendet werden. Das kann eine abgelegte Bluse, ein Tischtuch, eine Hose, ein Handtuch und Vieles mehr sein. Bevorzugte Farbkombinationen können berücksichtigt, Stoffe individuell bedruckt oder gefärbt werden. Liebgewonnene kleine Gegenstände können eingearbeitet werden. Miniaturen mit Bezug zum Alltag können selbst hergestellt werden, zum Beispiel kleine Socken, Schals oder Duftkissen. Stoffsäckchen mit duftenden Füllungen, wie etwa Lavendelblüten, Nelken oder Kaffeebohnen, können an das Fühlobjekt angebracht werden. Düfte stimulieren das Nervensystem. Sie können anregend oder beruhigend sein.

Allein diese kurze Auflistung zeigt, dass in der Herstellung dieser Objekte viele Möglichkeiten der Alltagsgestaltung stecken und der Kreativität fast keine Grenzen gesetzt sind.

Fühlobjekte entfalten ihren Zauber, wenn der Mensch, dem sie angeboten werden, sich davon angesprochen fühlt, wenn er Freude erlebt beim Ertasten, am Untersuchen der angebrachten Objekte, wenn durch die verwendeten Stoffe und Accessoires Erinnerungen geweckt werden. Fühldecken sind so gesehen ein sensibles Instrument, das dem Demenzbetroffenen helfen kann, sich auf seine ganz individuelle Art mitzuteilen. Sie eröffnen kreative und vielgestaltige Wege für Begegnung des demenziell veränderten Menschen mit sich selbst, mit seiner Geschichte (kognitive Ebene), mit seinen Gefühlen (emotionale Ebene), mit seinem Körper (physische Ebene). Sie öffnen aber auch die Tür von Menschen mit Demenz zu Menschen ohne Demenz. Diese sanfte und vom Demenzbetroffenen selbst gesteuerte Form der Begegnung ist ein wertvoller Baustein für die Pflege und Vertiefung der menschlichen Beziehungen zueinander (vgl.: dnqp 2019).

Sonnenbilder

Je nachdem wie Sie die Fühldecke gestalten, eröffnen sich bei der Herstellung vielfache Möglichkeiten den demenziell veränderten Menschen bei der Anfertigung aktiv mit einzubeziehen. Sie geben ihm damit Gelegenheit zu kreativer Entfaltung und zu sinnstiftender Beschäftigung.

Hat jemand zum Beispiel Freude am Umgang mit Farbe und einen Zugang zur Natur, können Sie gemeinsam Sonnenbilder herstellen und weiter verwerten. Das lässt sich mit nur einer Person machen oder gleich mit mehreren in der Gruppe. Sonnenbilder können nur im Sommer gefertigt werden und haben ihren Namen von der eigentlichen Künstlerin: von der Sonne, die mit ihren wärmenden Strahlen diese schönen Bilder zaubert.

Dafür braucht man Blätter oder Blumen, die beispielsweise bei einem gemeinsamen Spaziergang gesammelt werden können. Nach dem Pressen werden sie auf ein eingefärbtes Tuch gelegt und dann ab damit an die Sonne. Später nur noch die Blätter abziehen und die Farbe fixieren. Dann sind die Bilder waschbar und fertig für die Weiterverarbeitung. Wie das genau geht, zeige ich Ihnen in Kapitel 3.11 in einer Schritt-für-Schritt-Anleitung.

Die Sonnenbilder gelingen garantiert und bei ihrer Herstellung kann wirklich jeder mitmachen, ohne dabei Versagensängste haben zu müssen! Bei allem Tun sollten wir uns immer bewusst sein, worum es geht: Wir möchten mit unserem Bemühen Menschen mit Demenz einen Raum eröffnen, in dem sie sich wohlfühlen, in dem sie so sein dürfen, wie sie sind. Ohne Konfrontation mit eigenen Defiziten, ohne beschämt zu werden, weil sie etwas nicht mehr können. Ohne bloßgestellt zu werden vor anderen. Das wichtigste Ziel beim Einsatz der Fühldecken ist es, eben kein konkretes Ziel zu haben, den Menschen frei sein zu lassen, Dinge entstehen zu lassen – oder eben auch nicht! Nicht jeder Mensch kann mit dieser Art von Betreuungsangebot etwas anfangen oder nicht jeden Tag gleich intensiv. Das müssen wir als Begleitperson absolut respektieren, egal wie toll wir uns etwas vorgestellt haben, egal wieviel Mühe wir uns bei der Ausarbeitung und Herstellung der Fühldecke gemacht haben. Es gelingt eben nicht alles und nicht immer. Das gehört zu unserem Menschsein dazu. Vergessen Sie auch nicht, dass der Einsatz von Fühldecken nur ein Teilangebot vielfältiger Betreuungsangebote darstellen kann und soll. Was für alle anderen Betreuungsangebote gilt, gilt auch hier: Die Gefahr einer »Abnutzung« der Wirkung ist gegeben. Verwenden Sie deshalb die Fühlobjekte nicht durchgängig.

Ein weiteres Beispiel für eine sinnstiftende Tätigkeit, die den alten Menschen das ganze Jahr hindurch in hauswirtschaftliche Tätigkeiten miteinbezieht, ist die Herstellung von Duftsäckchen. Sie sind ein wunderbares Accessoire für Fühlobjekte, aber auch für die Kommode oder den Kleiderschrank.

Wenn Sie zum Beispiel Duftsäckchen mit Lavendelfüllung machen wollen, besorgen Sie am besten zunächst beim Gärtner die Pflanzen. Nehmen Sie doch einfach einige Ihrer Bewohner mit.

Abb. 1.3 Sonnenbilder

Praxistipp: Sonnenbilder weiterverwenden
Diese Bilder werden entweder eingerahmt an die Wand gehängt (auch die Rahmen können selbst angefertigt werden, etwa mit Holzleisten, die passend gesägt und verleimt werden), als Blickfang in eine Fühldecke, in ein Wandbild oder in ein Kissen eingearbeitet. Sie können natürlich auch für die Kochgruppe Topflappen und Untersetzer daraus machen, Platzsets oder Tischdecken bzw. Läufer für das Sommerfest nähen … Oder Sie haben selbst noch andere, gute Ideen dazu!

Praxistipp: Jahreskalender anlegen
Es ist ideal, wenn die verantwortliche Begleitperson Freude hat am vorausschauenden Planen, am Denken und Arbeiten in Kreisläufen. Um nicht jedes Jahr von vorne zu beginnen, kann es sehr hilfreich sein, sich einen immerwährenden Kalender anzulegen, in dem für jeden Monat notiert wird, welche Tätigkeiten anfallen (vgl. das Beispiel im Anhang, Kapitel 4.2).

Der Besuch in einer Gärtnerei ist immer ein schönes Erlebnis! Suchen Sie zusammen mit den alten Menschen im Garten einen sonnigen Platz und setzen Sie die Lavendelpflanzen ein. Da mediterrane Kräuter in der Regel Hitze und Trockenheit gut vertragen und sogar auf kargen Böden gut gedeihen, hat man mit ihrer Pflege nur wenig Arbeit. Bei späteren gemeinsamen Spaziergängen durch den Garten lässt sich dann beobachten, wie der Lavendel blüht und gedeiht. Im Sommer werden die Blütenstände geschnitten, gebündelt und getrocknet. Aus Baumwoll- oder Leinenstoff werden Säckchen genäht, mit den trockenen Blüten gefüllt und später in die Kommode gelegt oder an der Fühldecke angebracht.

Otterstedt, Carola (2005): **Der nonverbale Dialog.** Für Begleiter von Schwerkranken, Schlaganfall-, Komapatienten und Demenz-Betroffenen mit Übungen zur Wahrnehmungssensibilisierung. Dortmund: verlag modernes lernen

Carola Otterstedt ist Geisteswissenschaftlerin und Verhaltensforscherin. Sie war lange Jahre Kranken- und Sterbebegleiterin. Sie vermittelt in ihrem Buch mit Hilfe vieler Praxisbeispiele Zugangsmöglichkeiten zu Menschen, die sich ohne Worte mitteilen.

Wojnar, Jan (2007): **Die Welt der Demenzkranken.** Leben im Augenblick. Hannover: Vincentz Network

Jan Wojnar ist Facharzt für Neurologie und Psychiatrie in Hamburg. Er hat dort neue Betreuungsformen in den kommunalen Pflegeeinrichtungen für schwer Demenzkranke entwickelt. In seinem Buch nimmt er den Leser mit in die, von außen betrachtet, oft unverständliche Welt der Demenz und gibt hilfreiche Erkenntnisse aus seiner Erfahrung weiter. Verständnis für die Lebenswelt Demenzbetroffener ist der Schlüssel zu einem gelasseneren Alltag.

Der Weg über die Sinne – eine andere Form der Kommunikation

Haben Sie ein Fühlobjekt fertiggestellt, kommt der große Moment des ersten Einsatzes. Im Vorfeld der Herstellung hatten Sie sich ja viele Gedanken gemacht zu Form und Größe, zur Auswahl der Stoffe und nicht zuletzt bei der Ausgestaltung mit diversen Accessoires. Frage: Wie werden die Menschen, denen Sie nun damit begegnen, darauf reagieren? Mir ist sehr wichtig festzuhalten, dass Fühldecken und alle anderen Objekte dieser Art ein wertvolles Kommunikationsmittel sind, eine Hilfestellung für den alten Menschen, um sich mitzuteilen. Das setzt allerdings voraus, dass die Begleitperson aufmerksam auf Reaktionen bei der Beschäftigung mit der Fühldecke achtet. Je weiter eine Demenz fortgeschritten ist, desto mehr Sensibilität und Einfühlungsvermögen sind gefragt. Die Kunst der nonverbalen Kommunikation beruht auf dem Wissen, dass der von Demenz betroffene Mensch seine Emotionalität nicht verliert und sich weiterhin auf der Gefühlsebene so gut ausdrücken kann, wie wir selbst. Gefühle zeigen ist menschlich. Unsere Mimik, die Körperhaltung und die Spannung unserer Muskulatur, die Klangfarbe und Lautstärke unserer Stimme, ja sogar die Hautfarbe geben etwas von unseren Gedanken und Empfindungen preis. In unserer vom Wort dominierten Gesellschaft haben wir verlernt, auf diese Signale zu achten und sie zu verstehen. Dabei macht die gesprochene Sprache lediglich 20 Prozent unserer zwischenmenschlichen Kommunikation aus, die restlichen 80 Prozent der Informationen für unser Gegenüber vermitteln wir zumeist unbewusst und ohne Worte (vgl.: Korte 2012). Aber, keine Bange, die nonverbale Kommunikation kann man üben, wie beispielsweise eine Fremdsprache. Es gibt inzwischen reichlich Literatur dazu und verschiedene praxiserpobte Methoden (vgl.: Otterstedt 2005).

Aber auch umgekehrt ist es wichtig, »im Gespräch mit Demenzkranken daran zu denken, dass nicht die Inhalte, sondern die Art und der Klang der Sprache und das eigene Verhalten von Bedeutung sind. (...) Auch ein schwer Demenzkranker, der keine verständlichen Worte mehr bilden kann, ist noch fähig, seine Gefühle zum Ausdruck zu bringen, und er nimmt auch die in der Sprache der anderen mitschwingenden Emotionen wahr.« (Wojnar 2007)

Setzen Sie eine neue Fühldecke zum ersten Mal bei einem Bewohner ein, kann es nicht schaden, sich das Objekt vorher noch einmal genau anzuschauen und zu überlegen, ob möglicherweise mit der Benutzung Risiken verbunden sein können. Besteht Verletzungsgefahr? Das könnte der Fall sein bei scharfkantigen Plätzchenausstechern an einer Weihnachtsdecke. Könnten Teile verschluckt werden? Das kann geschehen, wenn die Befestigung von Accessoires unzureichend ist. Sie erinnern sich an die genaue Situationsanalyse, die Sie vor Anfertigung der Fühldecke für Ihren Bewohner gemacht haben? Hier kommen Ihre Beobachtungen zur Umgebung, zum Temperament, zu den Gewohnheiten Ihres Bewohners zum Tragen.

Um Fühlobjekte bei verschiedenen Menschen einsetzen zu können, werden Accessoires flexibel befestigt. Das erleichtert zudem die Reinigung, wenn das Objekt einmal gewaschen werden muss (siehe Kapitel 2.8).

Wie bei jeder Maßnahme ist es sinnvoll und notwendig, Rückschlüsse aus den gemachten Beobachtungen zu ziehen. Was hat gut geklappt, was hat Freude und Wohlbefinden ausgelöst – und warum? Worauf hat der alte Mensch gar nicht oder eher negativ reagiert – und warum? Hat er von sich erzählt, gibt es weiterführende Neuigkeiten?

Wichtig sind solche Erkenntnisse auch für die Fortschreibung der Biografie und für die Dokumentation. Nur wenn alle im Team sich – professionsübergreifend – gegenseitig informieren, kann es für den Betroffenen eine kontinuierlich gute Begleitung geben, die sein ganzheitliches Wohlbefinden im Blick und im Sinn hat. Vor allem aber liefern diese Beobachtungen wertvolle Hinweise auf weitere Möglichkeiten zu einer abwechslungsreichen Ausgestaltung des Alltags. Die Entwürfe für eine unkonventionelle, aber auf die Person zugeschnittene Alltagsbegleitung dürfen ruhig groß und bunt ausfallen! Folgen Sie mutig den, zugegeben manchmal sehr versteckten, Impulsen Ihres Betreuten. Lassen Sie Ihren Gedanken und Ihrer Fantasie freien Lauf und trauen Sie sich ruhig auch um die Ecke zu denken. Haben Sie erstmal eine zündende Idee, finden Sie bestimmt auch Mitstreiter – und wo ein Wille ist, ist bekanntlich auch ein Weg! Alte ausgetretene Pfade und Konzepte mögen Sicherheit bieten, sind aber häufig auch langweilig, ermüdend und in ihrer Idee erschöpft. Neues zu entwickeln ist dagegen spannend, macht Freude, bringt Begleitpersonen zusammen und kann so für alle Beteiligten sehr bereichernd sein!

Die praktische Erfahrung zeigt, dass der Anwendungskreis für Fühldecken und andere Fühlobjekte sehr viel größer ist als nur für Menschen mit Demenz.

Gute Erfahrungen habe ich etwa bei Menschen mit Sehbehinderung gemacht. Oftmals sitzen sie still und leise in einer Ecke des Aufenthaltsraumes und haben keinerlei Beschäftigung und Ansprache. Sie stehen daher immer wieder in Gefahr, lähmender Langeweile ausgesetzt zu sein (vgl.: Müller-Hergl 2012). Vielleicht rufen Sie sich für einen Moment die akustische Situation in Erinnerung, die Sie bei der Situationsanalyse wahrgenommen haben, und versuchen sich da hineinzuversetzen. Wie würden Sie sich fühlen? Betreuungsangebote finden bei diesen Menschen selten individualisiert statt, zumeist – so jedenfalls meine Erfahrung – werden Sehbehinderte zu Gruppenveranstaltungen gebracht, bei denen sie entweder mitreden oder eben wieder nur zuhören können. Wie spannend kann es für so jemanden sein, mittels einer Fühldecke erneut Dinge des täglichen Lebens zu ertasten, vielfältige Sinneseindrücke zu gewinnen – ohne Angst haben zu müssen, dass etwas kaputt geht oder hinunterfällt. Für eine Dame, die fast blind war und im Rollstuhl saß, entwickelte ich die Fühlrolle. Durch das lange Band konnte sie nicht wegrutschen. Das Band ließ sich entweder hinter ihrem Rücken durchführen (zum Beispiel

Abb. 1.4 Fühlrolle

wenn sie die Rolle in den Garten mitnehmen wollte) oder auch unter der Tischplatte, sodass die Rolle auch da nicht herunterfallen konnte.

Nicht nur Menschen mit Demenz, sondern alte Menschen generell brauchen Zeit, um zu realisieren, was gerade passiert, oder um zu verstehen, was wir ihnen sagen, was wir von ihnen wollen. Viel zu oft werden sie von uns überholt und wir merken gar nicht, wie wir an ihnen vorübereilen, rufen ihnen zu: »Kleinen Moment, ich muss nur schnell was erledigen, bin gleich zurück!« Und schon sind wir über alle Berge und der alte Mensch hat gar keine Zeit zu verstehen, geschweige denn sich noch dazu zu äußern oder irgendwie darauf zu reagieren (vgl.: Schmieder 2011). Auch Menschen, die einen Schlaganfall erlitten haben oder zum Beispiel an Parkinson erkrankt sind, haben ihr ganz eigenes Tempo, dazu mit fortschreitender Krankheit eine leise und verschwommene Sprache sowie Einbußen bei der Beweglichkeit der Finger. Fühlobjekte können für sie ebenfalls ein willkommenes Mittel der Erinnerung, der Mitteilung, der Sinnesempfindung, der zwanglosen Übung der Feinmotorik sein – aber eben ganz in ihrem eigenen Tempo, denn Fühlobjekte lassen den Menschen Zeit.

Mühlegg-Weibel, Andrea [Hrsg.] (2011): **Demenz verstehen.** Leitfaden für die Praxis, ein Gemeinschaftswerk der SeneCura Kliniken- und Heimbetriebs GmbH Wien, Senevita AG Wabern, Sonnweid Campus, Wetzikon. Wetzikon: Druck-Team AG

Monika Schmieder ist Pflegedienstleiterin des Pflegeheims Sonnweid für Menschen mit Demenz in der Schweiz. Gemeinsam mit vielen weiteren Autoren nimmt sie den interessierten Leser mit in die Welt der Demenzkranken. Der Leitfaden befasst sich nicht nur mit den medizinischen Grundlagen, er ist vor allem eine Lern- und Arbeitshilfe, die sich unter anderem mit den Themen Biografiearbeit, Wohn- und Lebensformen, Betreuungsangebote und Aktivierung auseinandersetzt und die Gedanken anhand vieler Fallbeispiele konkretisiert.

Damit der Mensch sich als Teil der Umwelt erfahren kann, benötigt er neben ausreichend Zeit auch immer wieder wechselnde Signale an die Sinne und Anregungen für das Gehirn. Bleiben diese dauerhaft aus, wie zum Beispiel bei immobilen Menschen, die zudem kaum soziale Kontakte haben, kann das zu aufforderndem Verhalten führen, das sich in ständigem Rufen, Wimmern, Klopfen, Hin- und Herschaukeln äußert … (vgl.: Schlesselmann 2015). Fühldecken können in diesem Fall ein geeignetes Mittel gegen Reizarmut und Langeweile darstellen.

Frau Klaus war schon seit vielen Jahren bettlägerig, von vielen Kontrakturen geplagt, sie konnte sich im Bett nicht mehr selbst umdrehen, nur die Arme und Hände waren noch einigermaßen beweglich. Häufig kratzte sie sich überall am Körper. Sie verletzte sich dabei mit ihren Fingernägeln im Gesicht, an den Armen, eben überall, wo sie sich berühren konnte. Aus Ratlosigkeit und um weitere Verletzungen zu vermeiden, stülpte man ihr Socken über die Hände. Da Frau Klaus viel Zeit auf der Seite liegend verbrachte, aber dennoch in der

Abb. 1.5 Fühlutensilo

Abb. 1.6 Weihnachtsdecke, rechts Detail

Lage war, ihre Arme und Hände zu gebrauchen, kam mir die Idee zu einem Fühlobjekt, das am Bettgitter befestigt werden konnte. So hatte sie die Dinge im Blick und einen Anreiz, sich damit zu beschäftigen. Der Versuch, sie behutsam mit diesem Fühlutensilo abzulenken und zu anderen Bewegungen zu motivieren, war erfolgreich!

Fühlobjekte können, wie beschrieben, vielseitig in der Einzelbetreuung eingesetzt werden. Sie eignen sich aber auch in der Gruppenbetreuung als Grundlage für ein Erzählcafé oder eine Erinnerungsrunde. Dafür wählen Sie am besten eine thematisch gestaltete und großformatige Decke. Schnell werden sich ungekünstelte und unverkrampfte Gespräche ergeben, wenn, wie bei der abgebildeten Weihnachtsdecke, die Plätzchenausstecher, Krippe, Tannenbaum, Nikolausstiefel, Schal und Wollsocken im Miniaturformat entdeckt werden, wenn der Duft von Nelken und Zimt aus den Duftsäckchen in Herz- und Sternform den Raum erfüllt …

Fühlobjekte können ja, wie erwähnt, die verschiedensten Formen haben, beispielsweise ein hübsches Sofakissen mit versteckt eingenähten Taschen und Zwischenfächern oder ein Fühlbuch, das vielleicht wie achtlos auf dem Tisch liegen gelassen wurde und in dem nach Herzenslaune hin- und hergeblättert werden kann.

Abb. 1.7 Fühlcouchkissen

Abb. 1.8 Fühlbuch

Abb. 1.9
Wandbild in rot

Abb. 1.10
Fühlkochschürze

Oder aber Sie denken an ein abwechslungsreiches Fühlbild, das an der Wand hängt und sich praktisch von selbst, sozusagen im Vorbeigehen ins Spiel bringt, dann haben Sie viele Möglichkeiten, den Wohnbereich in der stationären Einrichtung, aber auch die private Wohnung interessant zu gestalten. Die von Ihnen betreuten Senioren brauchen in diesem Fall keine direkte Begleitung (beim ersten Mal bleiben Sie natürlich in der Nähe und beobachten, was passiert), die Fühlobjekte werden von Ihnen so platziert und sind so gestaltet, dass sie von selbst zur Beschäftigung einladen. Gleichzeitig tragen sie dazu bei, den Wohnraum ansprechend und gemütlich zu machen. Es müssen also wirklich nicht immer nur Decken und Rollen sein. Sie sehen, ich appelliere schon wieder an Ihre Fantasie und Kreativität, aber es geht eben immer darum, das individuell passende Modell zu finden – und das können nur Sie!

Haben Sie bei der Herstellung von Fühlobjekten festgestellt, dass sich die Bewohner von einer Tätigkeit oder einem Thema besonders ansprechen ließen, kann das für Sie als Betreuungsperson ein wertvoller Hinweis sein, über weitere Begleitangebote in dieser Richtung nachzudenken. Dann haben sowohl Einzel- als auch Gruppenaktivitäten einen persönlichen Bezug zu den Senioren, sind nicht künstlich oder aufgesetzt und werden so gewiss auf Interesse stoßen. Erfahrungen aus meiner Praxis mögen das verdeutlichen.

Die Fühlkochschürze hat naturgemäß das Gespräch auf das Kochen und Backen gelenkt. Bewohnerinnen erzählten von ihren Lieblingsgerichten und äußerten Wünsche für den Speiseplan.

Fast von selbst drängen sich an dieser Stelle weitere Ideen auf: Vielleicht lässt sich ein Wunschmenü gemeinsam kochen? Oder Sie gestalten gleich noch ein »Kochbuch des Hauses«?

Und wenn es eine Nummer kleiner sein darf, ist eine Bildercollage mit Lieblingsrezepten an der Wand auch ein attraktiver Anlaufpunkt im Haus für einen kleinen Spaziergang zwischendurch, der wiederum das Gespräch miteinander anregt.

Haben Sie bemerkt, dass Ihre Bewohner gern mit Stoff und Farben umgehen, können Sie natürlich auch etwas anderes als Sonnenbilder herstellen, das geht sowieso nur im Sommer. Für den Rest des Jahres bietet sich die Möglichkeit, Stoffe mit Textilfarbe zu bedrucken, mit Seidenmalfarbe zu bemalen oder mittels Batik-Technik einzufärben.

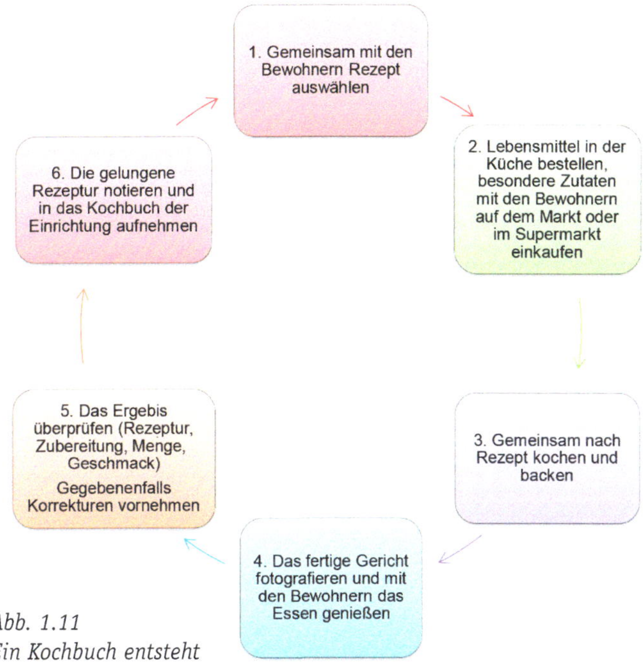

Abb. 1.11
Ein Kochbuch entsteht

Praxistipp: Ein Kochbuch entsteht

Alte Menschen verfügen über ein großes Wissen an Rezepten. Oftmals sind sie innerhalb der Familie von Generation zu Generation weitergegeben worden. Geschichten, Erfahrungen und Erlebnisse ranken sich um bestimmte Gerichte. Ein Rezept kann wie ein Fenster sein, durch das man Einblicke in das Leben eines anderen Menschen bekommt.

Gemeinsames Kochen und Backen kann hier anknüpfen, um diese persönlichen Schätze zu bewahren. Der alte Mensch erfährt dadurch eine ganzheitliche Wertschätzung seiner Person, kann sich mit seinen Erinnerungen aktiv in die Alltagsgestaltung einbringen und auf diese Weise ganz wesentlich dazu beitragen, dass Betreuungsangebote einen persönlichen und individuellen Bezug zu den Bewohnern haben.

Durch das gemeinsame Kochen und Backen können viele Rezepte gefunden werden, die geeignet sind, zu einem ganz persönlichen Kochbuch der Bewohner Ihrer Einrichtung zusammengefasst zu werden.

Eine Idee für den Adventsmarkt …?

Abb. 1.12 Grußkarte

Abb. 1.13 Tischdecke Weinfest

Aus den entstandenen Kunstwerken lassen sich wiederum die verschiedensten nützlichen Dinge herstellen, zum Beispiel Grußkarten, Tischdecken, Sofakissen, Sitzkissen für die Gartenstühle und Vieles mehr.

Lassen Sie Ihrer Fantasie freien Lauf – und binden Sie gern auch Angehörige oder Ehrenamtliche mit ein. Gerade Menschen, die aus den kirchlichen oder anderen sozialen Besuchsdiensten in die Einrichtung kommen, sind oft dankbar für einen Tipp, wie sie ihre Besuche sinnvoll gestalten können.

Ideal ist es natürlich, wenn Sie jemanden finden, der den kreativen Ausdruck der alten Menschen fachkundig unterstützen und professionell begleiten kann, zum Beispiel ein Mal- oder Musiktherapeut.

Viele Bewohner hatten einmal selbst einen Garten. Nutzen Sie deren Freude an der Natur, um gemeinsam Zweige und Blumen für die Tischdekoration zu schneiden, Speisen mit frischen Kräutern aufzuwerten oder die Jahreszeiten mit natürlichen Materialien im Haus sichtbar zu machen.

Bei all diesen Überlegungen geht es nicht darum, den alten Menschen Leistung abzufordern! Kreatives Tun ohne Anspruch auf ein (perfektes) Ergebnis macht es möglich zu entspannen, sich auszudrücken, Freude und Selbstwirksamkeit zu erleben, Gemeinschaft zu haben und Angenommensein zu spüren. »So wie ich jetzt bin, so bin ich richtig, so bin ich gut, so ist es in Ordnung.« Wenn sich dieses Gefühl bei unseren Betreuten einstellt, haben wir als Begleiter alles richtig gemacht.

Hauswirtschaft, Natur und Kunst

Hauswirtschaft, Natur und Kunst – drei Dinge, die wunderbar zusammenpassen.

Für die Herstellung von Fühlobjekten können hauswirtschaftliche Tätigkeiten der Anfang sein. Dazu gehört zum Beispiel das Sichten der Wäsche, das Aussortieren nicht mehr passender Kleidung oder solcher, die nicht mehr gefällt. Für die Weiterverarbeitung werden die ausgewählten Stoffe gewaschen, gebügelt, zugeschnitten und genäht.

Natur ergänzt, was Hauswirtschaft vorbereitet, etwa wenn draußen Blumen und Blätter gesammelt werden, Pflanzen eingesetzt und gepflegt, aus Samen und Stecklingen wieder neue nachgezogen werden, wenn aus Aststücken Knöpfe hergestellt und aus getrockneten Kräutern und Blumen Duftsäckchen gefertigt werden.

Und die Kunst fügt alles zusammen, macht aus Stoff, Farbe und Blättern einzigartige Sonnenbil-

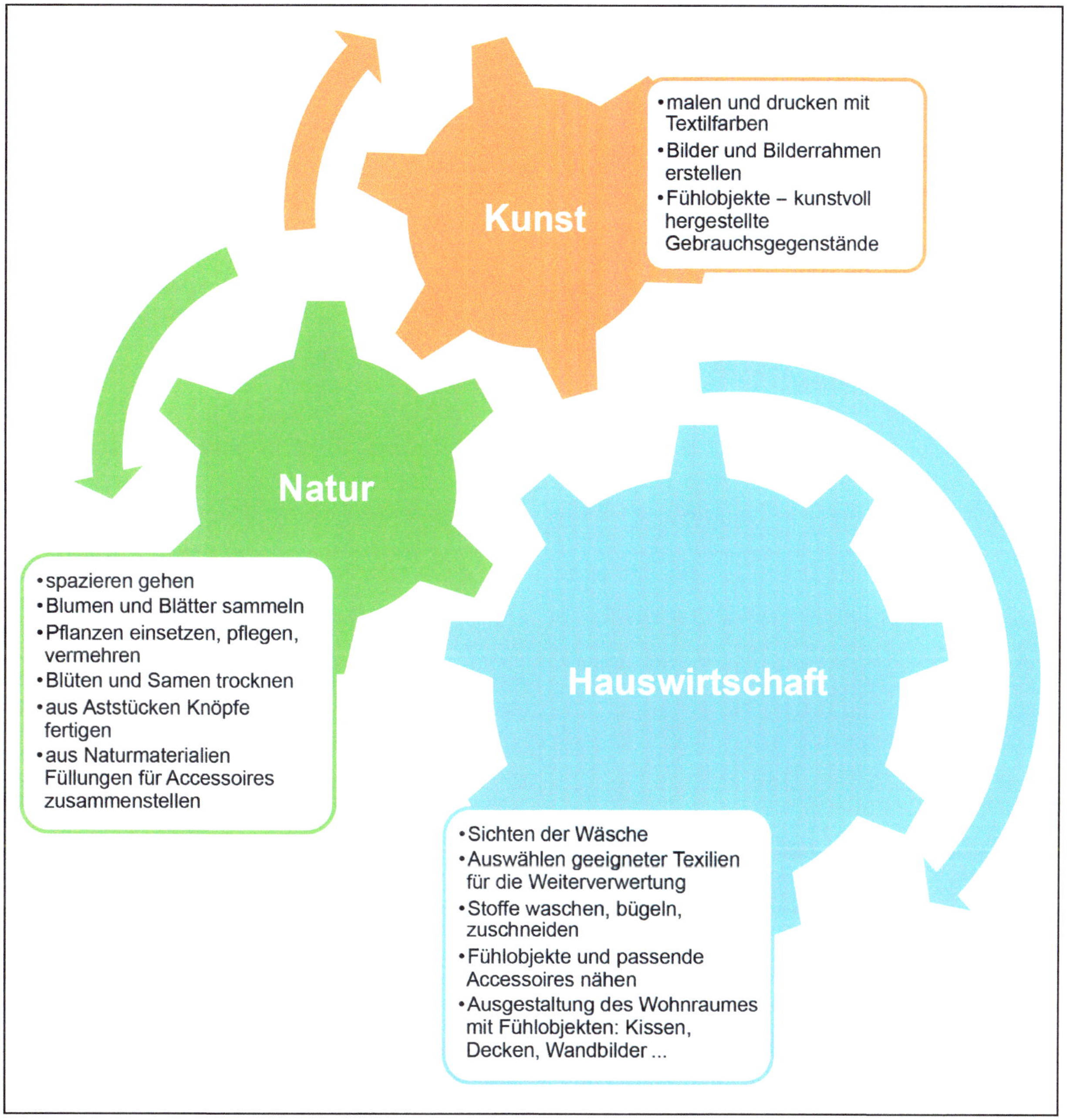

Abb. 1.14 Hauswirtschaft, Natur und Kunst

der, lässt aus unterschiedlichen textilen Materialien und diversen Accessoires Fühlobjekte entstehen.

Die Ausgestaltung des Wohnraumes mit diesen schön gearbeiteten, ästhetisch ansprechenden Objekten, seien es Kissen, Decken oder Wandbilder, gehört dann wieder in den Bereich der Hauswirtschaft.

So fügt sich eins ins andere. Das Zusammenspiel von Hauswirtschaft, Natur und Kunst regt die Sinne an und erfreut die Seele.

1.3 Begleiten – behüten – bewahren

Vergegenwärtigt man sich die alltäglichen Aktivitäten zu Hause oder in einer Einrichtung der Altenhilfe, so erkennt man sehr schnell, dass der größte Teil zu den hauswirtschaftlichen Tätigkeiten gehört. Das bedeutet, dass hier sehr viel Gestaltungsspielraum gegeben ist, sehr viel Potential im Sinne einer lebendigen Alltagsgestaltung für und mit den Bewohnern, das nicht ungenutzt bleiben sollte (vgl.: dgh 2012).

Bei aller Aktivität dürfen aber zwei Dinge nicht außer Acht gelassen werden: Zum einen ist wichtig zu beachten, dass es sich um das Zuhause der Menschen handelt, die im Heim leben, und zum anderen, dass wir als Begleitpersonen Wegbegleiter sind und nicht Erzieher (vgl.: Schützendorf 2015 und Schmieder 2015).

Alte Menschen sind keine alten Kinder, denen man sagen kann, was zu tun und zu lassen ist. Genauso sind sie niemals Objekt der Fürsorge, das heißt, die Begleitpersonen sind verpflichtet, die individuelle Persönlichkeit des Hilfebedürftigen sowie das Recht auf Selbstbestimmung und Privatheit zu achten (vgl.: MDS 2019 und KDA 2012). Gleiches gilt auch im häuslichen Bereich.

Als Mitarbeiter einer Einrichtung bewegen wir uns während unserer Arbeit im Zuhause der alten Menschen, sind dort sozusagen nur zu Gast. Und als Gästen steht es uns wohlan, einen Umgang zu pflegen, der umsichtig, zuvorkommend, höflich und achtsam ist. Selbst wenn wir glauben, besser zu wissen, was für den alten Menschen gerade gut und richtig ist, zählt sein Wille. Alles, was wir tun, kann immer nur ein Angebot sein. Zum professionellen Arbeiten gehört, den Willen des alten Menschen zu ergründen, diesen zu respektieren und auch die Ablehnung eines noch so gut gemeinten Angebotes zu akzeptieren. Vielleicht ergibt sich ja zu anderer Zeit die Möglichkeit, das vorbereitete Angebot umzusetzen. Uns selbst geht es doch zuweilen genauso: Grundsätzlich gefällt uns eine Tätigkeit, aber es gibt Tage und Zeiten, da möchten wir davon nichts wissen …

Es geht bei allem, was in Sachen Betreuung, Begleitung, Alltagsgestaltung getan und geplant wird, nicht um die Frage, was alles für den alten Menschen aufs Programm gesetzt wird, sondern darum, wie mit dem demenzbetroffenen Menschen umgegangen wird (vgl.: dnqp 2018). Also Qualität vor Quantität, individuell zugeschnittene Angebote vor gedankenlosem Aktionismus. Der Mensch ist zu allen Zeiten ein soziales Wesen, deshalb kann Begleitung nur gelingen, wenn eine Beziehung besteht zwischen dem, der Begleitung anbietet, und dem, der sie annimmt. Beziehung aber braucht Begegnung und Wertschätzung, braucht Interesse am anderen, braucht Geduld, Respekt und Achtsam-

Schützendorf, Erich (2015): **Das Recht der Alten auf Eigensinn.** Ein notwendiges Lesebuch für Angehörige und Pflegende. 5. Auflage, München: Ernst Reinhardt Verlag

Anhand vieler alltagsrealistischer Situationsbeschreibungen und Dialoge macht der Autor aufmerksam auf eine – oft unbeabsichtigte – Haltung der Bevormundung alter Menschen im pflegerischen Handlungsfeld.

Schmieder, Michael (2015): **Dement, aber nicht bescheuert.** Für einen neuen Umgang mit Demenzkranken. 6. Auflage 2016, Berlin: Ullstein Buchverlage

Michael Schmieder, Leiter der renommierten Einrichtung für Demenzkranke Sonnweid in der Schweiz, plädiert in seinem Buch eindringlich für eine respektvolle Kultur im Umgang mit demenziell veränderten Menschen und eröffnet Wege, die aufzeigen, wie es gelingen kann, die Würde der Pflegebedürftigen zu schützen.

keit. Gerade Menschen mit Demenz sind darauf angewiesen, dass wir diese innere Einstellung zu unserer Grundhaltung machen. Nur so können wir Menschsein im vollgültigen Sinn ermöglichen (vgl.: Kitwood 1997).

Kitwood, Tom (1997): **Demenz.** Der person-zentrierte Ansatz im Umgang mit verwirrten Menschen. 7. überarbeitete und ergänzte Auflage 2016, Bern: Hogrefe Verlag

Tom Kitwood war ein englischer Theologe und Psychogerontologe. Er hat mit seinen ethischen Wertvorstellungen, die den verwirrten Menschen und seine Person in die Mitte des pflegerischen Tuns stellen, weitreichende positive Veränderungen im Umgang mit an Demenz Erkrankten erreicht. Auf ihn geht auch die Methode des Dementia-Care-Mappings zurück, eine anerkannte Methode, um das Wohlbefinden von Menschen mit Demenz zu erfassen, die Pflege zu optimieren und damit auch die Lebensqualität zu verbessern. Kitwood sieht nicht nur vordergründig das Leid und die Krankheit, sondern stets den ganzen Menschen. Seine Gedanken und Erkenntnisse in ihrer Gänze zu lesen, lohnt sich für alle, die als Angehörige oder als Teil des medizinisch-pflegerisch-betreuenden Personals von Demenz betroffen sind.

Menschen mit Demenz befinden sich durch ihre Erkrankung in einer besonderen Lebenssituation. Hier ist es buchstäblich »Not wendend«, besondere Aufmerksamkeit an den Tag zu legen, gerade wenn zunehmend Fähigkeiten verloren gehen, die während eines langen Lebens erworben wurden. Feststellen zu müssen, dass man plötzlich nicht mehr richtig essen und trinken kann, dass man die Orientierung verliert und tausendfach geübte Abläufe nicht mehr kennt, dass Gedanken verschwinden, ehe sie gefasst sind, dass die ausgesprochenen Worte und Sätze nicht mehr verstanden werden … all das verunsichert einen Menschen, macht Angst, lässt Verzweiflung und Scham aufkommen und Wut über das eigene Versagen. Niemand ist gern der Schwache und derjenige, der Hilfe in Anspruch nehmen muss. Jeder möchte lieber der Helfer sein! Und so liegt es an uns, die wir diese verantwortungsvolle Aufgabe übernehmen, dem kranken Menschen die nötige Unterstützung so taktvoll anzubieten, dass er sie annehmen kann, ohne das Gefühl zu haben, ausgeliefert, entblößt oder gar unterlegen zu sein.

Die Würde des hilfebedürftigen Menschen zu bewahren, zu schützen und zu stärken, das ist eine bedeutsame Aufgabe der Hauswirtschaft.

Glücklicherweise werden immer neue Hilfsmittel entwickelt, die es ermöglichen, dass Menschen mit den verschiedensten Einschränkungen selbstständig kochen, essen und trinken können. Es gibt fürs Kochen diverse Arbeitshilfen, die nicht nur für den Einsatz in der Häuslichkeit gedacht sind, sondern auch für Kochgruppen in stationären Einrichtungen angeschafft werden sollten. Beim Essen und Trinken unterstützen Spezialbestecke und ausgeklügeltes Geschirr, wenn Menschen mit gewöhnlichem Besteck, handelsüblichen Gläsern, Tassen und Tellern nicht mehr zurechtkommen. Es lohnt sich sehr, die Entwicklung auf diesem Sektor zu verfolgen und diese Hilfsmittel denjenigen auch selbstverständlich zur Verfügung zu stellen, die sie brauchen.

Alle diese eher technischen Hilfsmittel sind (hoffentlich) hinlänglich bekannt, die Möglichkeiten der Hauswirtschaft damit aber noch längst nicht ausgeschöpft! Sie werden jetzt vielleicht an die Bedeutung einer ruhigen, harmonischen Essatmosphäre denken und an die Wichtigkeit eines schön gedeckten Tisches. Da kann ich Ihnen nur aus tiefstem Herzen zustimmen! Und wenn Sie sich in dieses schöne Bild hinein einen alten Mann denken mit einem »Lätzchen« um den Hals, womöglich sogar aus leuchtend rosafarbenem Frottee? Ein Kleiderschutz für Menschen mit eingeschränkter Kompetenz beim Essen und Trinken muss sein, das ist klar. Doch dieser kann auch

Abb. 1.15 XXL-Knöpfserviette mit Etui

Abb. 1.16 Stofftasche für Katheterträger

ganz anders aussehen als gerade beschrieben. (Das Beispiel mit dem rosa Frottee entstammt nicht meiner Fantasie – leider!)

Nähen Sie doch für Ihre Bewohner, für Ihre An- und Zugehörigen eine XXL-Serviette, die sich in Hemd oder Bluse einknöpfen lässt, am besten gleich mit einem passendem Etui zum Mitnehmen. Der Aufwand ist gering, der Nutzen ist groß!

So können Sie nicht nur jedem Essen, sondern auch Festen und Feiern in großer Gesellschaft, im Gasthaus oder beim Sommerfest entspannt entgegen sehen. Eine Anleitung dazu finden Sie im Praxisteil (siehe Kapitel 3.9)

Eine andere Begebenheit hat mich veranlasst, eine Tragetasche der besonderen Art zu entwickeln:

Es war Volksfest im Städtchen und ein willkommener Anlass für unser Betreuungsteam, mit den Bewohnern der Einrichtung einen fröhlichen Nachmittag bei Livemusik, Kaffee, Kuchen und Grillhähnchen im Festzelt zu verbringen. Wir versuchten möglichst viele der mobilen Senioren mitzunehmen, dazu einige im Rollstuhl. Wir liefen in einer Gruppe zum Veranstaltungsort, ich schob Frau Berger und bemerkte plötzlich, was ich hundert Mal gesehen, aber nie registriert hatte: Frau Berger trug einen Blasen-Dauerkatheter. Wir hatten ihn, wie immer, außen an den Rollstuhl gehängt. Nun fuhren wir durch die Stadt, Passanten kamen uns entgegen und ihre Blicke trafen erst die hübsch zurecht gemachte Frau Berger, dann ihren Katheter … Sie selbst wurde dieser Blicke auch gewahr, sie wurde immer stiller und schaute bald gar nicht mehr auf. Sie schämte sich. Im Festzelt war sie sehr darauf bedacht, den Beutel mit ihrer Jacke zuzudecken. Der Ausflug, auf den sie sich so gefreut hatte, war von diesem Erlebnis deutlich überschattet.

In Zukunft sollte ihr und anderen Bewohnern, die das gleiche Schicksal teilen, erspart bleiben, auf diese Weise fremdbeschämt zu werden. Ich dachte mir, eine Stofftasche wäre eine gute Lösung, unauffällig, praktisch und aus hygienischer Sicht unproblematisch. Wie ich es genau gemacht habe, sehen Sie in Kapitel 3.10.

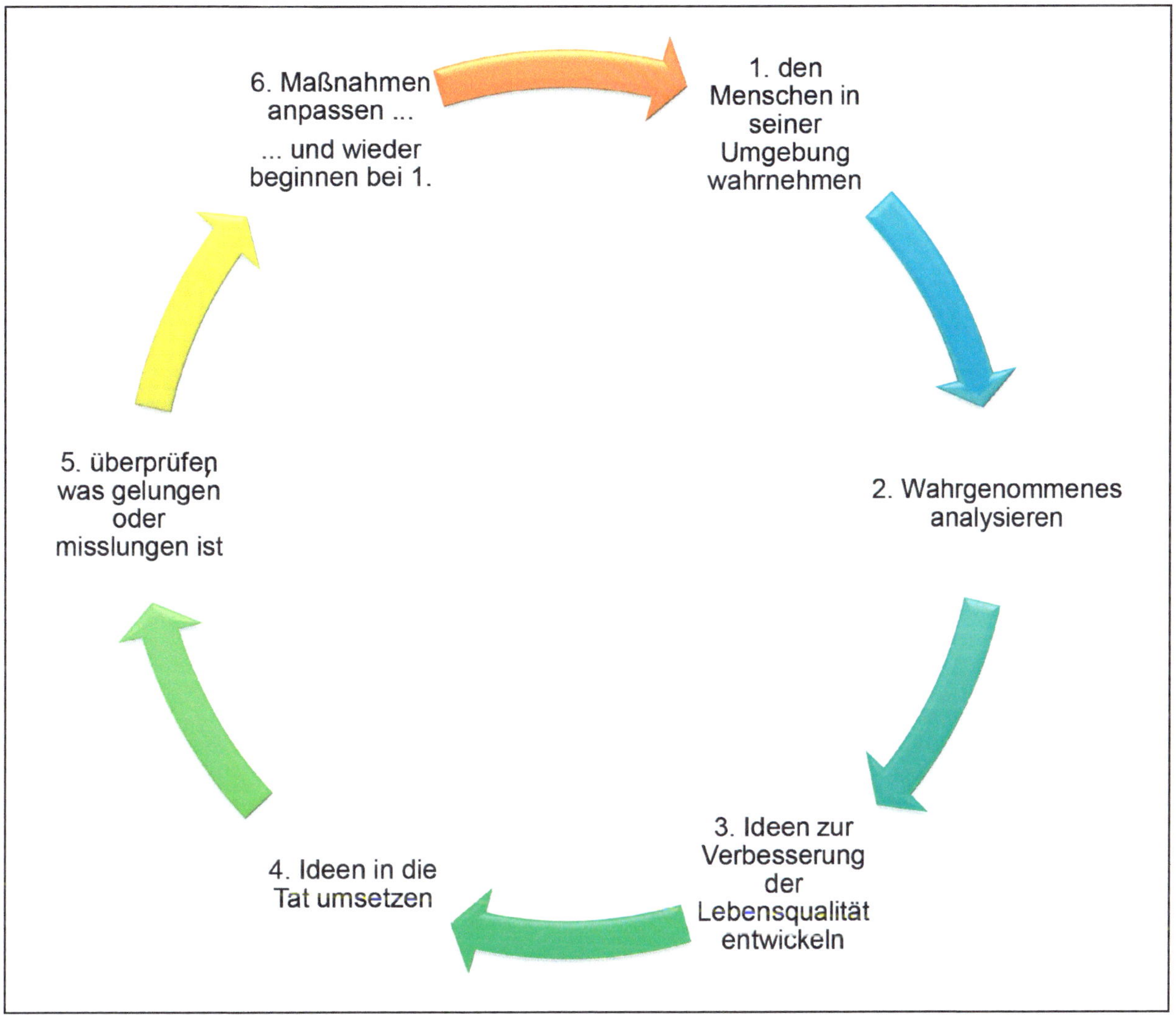

Abb. 1.17
Qualitätszirkel

Das Beispiel von Frau Berger zeigt, dass Routine in den Arbeitsabläufen und Gedankenlosigkeit eine stete Gefahr dafür sind, wesentliche Möglichkeiten zur Wahrung der Menschenwürde zu übersehen. Gewiss nicht aus Gleichgültigkeit oder fehlender Fähigkeit zur Empathie. Häufig ist es die Gewohnheit, die uns einen Schleier vor die Augen legt. So empfinde ich es als eine der größten Herausforderungen bei der Begleitung von hilfebedürftigen Menschen, jeden Tag aufs Neue wach zu sein, Augen und Ohren zu öffnen, die eigenen Antennen auf Empfang zu stellen. Sehen und hören allein reicht freilich nicht aus. Das Wahrgenommene muss dann in einen nächsten, tatkräftigen Schritt münden, um kontinuierlich eine Verbesserung der Lebensqualität der alten Menschen zu erzielen. Es ist der immer wiederkehrende Kreislauf von beobachten, analysieren, planen, handeln, überprüfen, anpassen ...

Unzählige interessante Bücher und Aufsätze sind über den Umgang mit demenzbetroffenen Menschen geschrieben, etliche Wohn- und Lebens-Konzepte entwickelt worden. Die Gesellschaft ist glücklicherweise zunehmend empfänglich für dieses Thema und bereit, Veränderungen zum Wohle der Senioren und von Menschen mit Demenz zu verwirklichen. Es ist eine bleibende Herausforderung, die Lebensqualität von Demenzbetroffenen hochzuhalten und stetig zu verbessern. Im Anhang finden Sie ein Literaturverzeichnis, darin habe ich, außer den Werken, die mir für dieses

Buch zugrunde lagen, zusätzlich noch einige aufgelistet, die Sie vielleicht auch interessieren könnten. Und weil ich mir selbst oft eine derartige Ergänzung wünsche, habe ich nicht nur die Titel aufgeschrieben, sondern teilweise einen kurzen Kommentar hinzugefügt, der ganz subjektiv erläutert, warum ich sie für eine lohnenswerte Lektüre halte.

Bevor es jetzt an den praktischen Teil geht, will ich gern noch Erich Kästner zu Wort kommen lassen, der in seinem Büchlein »Als ich ein kleiner Junge war« über die Erinnerung schreibt:

» *Gedächtnis und Erinnerung sind geheimnisvolle Kräfte. Und die Erinnerung ist die geheimnisvollere und rätselhaftere von beiden. Denn das Gedächtnis hat nur mit unserem Kopf zu schaffen. Wieviel ist 7 mal 15? Und schon ruft Paulchen: ›105!‹ Er hat es gelernt. Der Kopf hat es behalten. Oder er hat es vergessen. Oder Paulchen ruft begeistert: ›115!‹ Ob wir dergleichen falsch oder richtig wissen oder ob wir es vergessen haben und von Neuem ausrechnen müssen – das gute Gedächtnis und das schlechte wohnen im Kopf. Hier sind die Fächer für alles, was wir gelernt haben. Sie ähneln, glaub ich, Schrank- oder Kommodenfächern. Manchmal klemmen sie beim Aufziehen. Manchmal liegt nichts drin und manchmal etwas Verkehrtes. Und manchmal gehen sie überhaupt nicht auf. Dann sind sie und wir ›wie vernagelt‹. Es gibt große und kleine Gedächtniskommoden. Die Kommode in meinem eigenen Kopf ist, zum Beispiel, ziemlich klein. Die Fächer sind nur halbvoll, aber einigermaßen aufgeräumt. Als ich ein kleiner Junge war, sah das ganz anders aus. Damals war mein Oberstübchen das reinste Schrankzimmer!*

Die Erinnerungen liegen nicht in Fächern, nicht in Möbeln, nicht im Kopf. Sie wohnen mitten in uns. Meistens schlummern sie, aber sie leben und atmen, und zuweilen schlagen sie die Augen auf. Sie wohnen, leben, atmen und schlummern überall. In den Handflächen, in den Fußsohlen, in der Nase, im Herzen und im Hosenboden. Was wir früher einmal erlebt haben, kehrt nach Jahren und Jahrzehnten plötzlich zurück und blickt uns an. Und wir fühlen: Es war ja gar nicht fort. Es hat nur geschlafen. Und wenn die eine Erinnerung aufwacht und sich den Schlaf aus den Augen reibt, kann es geschehen, dass dadurch auch andere Erinnerungen geweckt werden. Dann geht es zu wie morgens im Schlafsaal! «

Möge es uns immer wieder gelingen, mit Hilfe von Fühldecken und individuell gefertigten Fühlobjekten bei Menschen mit und ohne Demenz schöne Erinnerungen zu wecken und damit glückliche Augenblicke zu zaubern!

Und jetzt … ran ans Werk!

2

Praxistipps zu Entwurf und Herstellung von Fühlobjekten aller Art

2.1 Der Arbeitsplatz

Um Fühldecken und andere Fühlobjekte herzustellen, bedarf es zunächst keiner besonderen Kenntnisse im Nähen. Ein paar Grundregeln und eine sinnvolle Reihenfolge der Arbeitsschritte sollte man allerdings schon beachten.

Gleich vorweg möchte ich anmerken, dass es bei den nachfolgenden Überlegungen auch um Arbeitssicherheit geht. Für den privaten Bereich gibt es zwar keine gesetzlichen Vorschriften, dennoch sollte man sich vergewissern, ob alle Tätigkeiten so ausgeführt werden, dass niemand zu Schaden kommt. Im Bereich einer Einrichtung ist das anders. Sind Sie sich nicht sicher, was alles zu beachten ist, wenden Sie sich am besten an die Hauswirtschaftsleitung. Dort erhalten Sie die nötigen Auskünfte.

Für einen reibungslosen Ablauf ist es wichtig, sich den Arbeitsplatz so einzurichten, dass alle benötigten Materialien vorbereitet sind und man nicht zwischendrin Dinge holen oder gar noch Tische und Stühle umstellen muss, um vernünftig nähen zu können. Und gut sehen können sollte man natürlich auch.

Beleuchtung

Wie bei allen handwerklichen Tätigkeiten ist eine gute Beleuchtung wichtig. Wenn Sie es einrichten können, wählen Sie einen Raum mit viel Tageslicht. Das natürliche Licht wirkt grundsätzlich stimulierend auf den Menschen, es wird im Vergleich zu künstlichem Licht als angenehmer empfunden und außerdem werden die Farben der Stoffe nicht verfälscht. Scheint die Sonne direkt herein, kann ein heller lichtdurchlässiger Vorhang verhindern, dass jemand geblendet wird.

Reicht das Tageslicht nicht aus oder müssen Sie mit einem fensterlosen Raum Vorlieb nehmen, kommen Sie um künstliches Licht nicht herum. Achten Sie darauf, dass der Arbeitsplatz gleichmäßig ausgeleuchtet ist, beim Arbeiten möglichst wenig Schattenwurf entsteht und der Helligkeitsunterschied vom unmittelbaren Arbeitsplatz zur Umgebung möglichst gering ist (vgl.: DGUV 2016). Bedenken Sie bei der Überprüfung des Raumes, dass alte Menschen, gerade auch von Demenz Betroffene, in der Regel eher schlecht sehen. Nur als Tipp: Es gibt inzwischen sehr gute Tageslichtleuchten – wenn also eine Neuanschaffung ins Haus steht, wäre das eine prima Sache!

Platzbedarf

Es gibt ja nichts, was es nicht gibt: Sogar für die korrekte Berechnung von Platzbedarf und Arbeitshöhe existieren Vorschriften. Glücklicherweise gibt es aber auch den gesunden Menschenverstand und ein Gefühl dafür, wie Tische und Stühle angeordnet werden müssen, damit jeder Teilnehmer Ihrer Nähstunde alles sieht, genug Bewegungsfreiheit hat und bequem sitzen kann, ohne gleich nach einer Viertelstunde über Rückenschmerzen und Verspannungen zu klagen. Am besten probieren Sie es an sich selbst aus, denken dabei an die schwersten und unbeweglichsten Ihrer Betreuten und vergessen nicht, dass zwischendrin vielleicht ein Toilettengang anfällt oder bei großer Hitze auch Abstellflächen für Wasserflaschen und Gläser benötigt werden.

Sicherheit im Umgang mit spitzen und scharfen Gegenständen

Beim Nähen ist es unumgänglich, dass mit Gegenständen hantiert wird, an denen man sich verletzen kann. Es liegt in der Verantwortung der Begleitperson einzuschätzen, inwieweit der Mensch mit Demenz noch mit Nadel und Schere umgehen kann. Haben Sie nicht zu viel Angst, an einem Nadelstich ist noch niemand gestorben – aber bleiben Sie immer aufmerksam (und halten Sie für alle Fälle ein Pflaster bereit!). Lassen Sie Stecknadeln nicht lose herumliegen, verwenden Sie am besten ein standfestes Nadelkissen. Scheren und Schneidroller können Sie bis zum Gebrauch und danach wieder in eine verschließbare Plastikbox legen. Wenn Sie eine transparente Schachtel verwenden, muss Ihr Betreuter nicht die ganze Zeit rätseln, was da wohl Interessantes drin sein könnte. Zur Not kann auch das Nadelkissen darin verschwinden. Behalten Sie die Box stets im Auge und denken Sie auch daran, dass Menschen mit anderen Erkrankungen, zum Beispiel Diabetes, im Laufe der Zeit das Feingefühl in den Fingerspitzen verlieren können.

Sicherheit im Umgang mit elektrischen Geräten

Alle elektrischen Geräte, die in einer Einrichtung verwendet werden, müssen vom TÜV in regelmäßigen Abständen auf ihre ordnungsgemäße Tauglichkeit und Sicherheit geprüft werden. Darunter fallen auch Geräte, die von zu Hause mitgebracht werden und nicht zum Verbleib in der Einrichtung gedacht sind (vgl.: Bödeker/Melzer 2006). Sollten Sie also Ihr privates Bügeleisen oder Ihre Nähmaschine (oder ein sonstiges Gerät) für die Herstellung von Fühldecken zur Verfügung stellen, müssen auch diese geprüft werden. Sprechen Sie mit der Hauswirtschaftsleitung und fragen Sie nach dem nächsten Prüftermin. Ihre Geräte bekommen nach bestandener Prüfung eine Plakette, die bescheinigt, dass damit alles in Ordnung ist.

Stehen nicht genügend einzelne Wandsteckdosen zur Verfügung oder sind sie von Ihrem Arbeitsplatz zu weit entfernt, können Sie Ihre Geräte an Verlängerungskabeln mit Mehrfachsteckdosen anschließen. Diese haben aber nur eine begrenzte Leistungskapazität. Liegen Sie mit dem Stromverbrauch darüber, kann es zu einer Überhitzung kommen (Brandgefahr). Auf jeder Steckdosenleiste ist die maximale Belastbarkeit (in Watt = W) angegeben und an jedem elektrischen Gerät der Verbrauch. So lässt sich schnell ausrechnen, ob alles zusammenpasst. Ein Beispiel: Mein Bügeleisen verbraucht 2.400 W, die Nähmaschine 55 W. Die Dreifachsteckdose verträgt maximal 3.500 W. Folglich können beide Geräte an dieser Steckdose gleichzeitig betrieben werden.

Dass Kabel, die kreuz und quer durchs Zimmer gezogen werden, gefährliche Stolperfallen darstellen, wissen Sie ohnehin, dessen bin ich mir ganz sicher.

Sicherheit im Umgang mit Farben und Pflanzen

Manche Menschen mit Demenz nehmen alle möglichen Dinge in den Mund, das birgt ein gewisses Gefahrenpotential beim Umgang mit Farben, die zum Bemalen und Bedrucken von Stoffen verwendet werden. Haben Sie die Wahl, kaufen Sie am besten solche, die auf Wasserbasis hergestellt wurden. Das schont nicht nur die Umwelt, die Inhaltsstoffe sind auch weniger schädlich, falls Ihr Betreuter doch mal in einem unbeobachteten Moment »probiert«. Sie lassen sich auch aus der Kleidung besser auswaschen, wenn versehentlich mal etwas daneben gegangen ist. Stellen Sie die Farbtöpfe so lange außer Reichweite, bis sie tatsächlich gebraucht werden (und danach gleich wieder weg). Apropos Kleidung: In diesen Zeiten, in denen glücklicherweise wieder mehr nachgedacht wird über Umweltschutz, Nachhaltigkeit und Müllvermeidung, ist ein Kleiderschutz beim Umgang mit Textilfarben ganz bestimmt eine gute Idee – es muss aber nicht die Einmalschürze aus Plastik sein! Nehmen Sie lieber ausgediente Herrenhemden: Sie rascheln nicht, kleben nicht auf der Haut, sind luftdurchlässig und wenn Sie solche mit langen Ärmeln nehmen, sind Ihre Betreuten sogar bis zu den Handgelenken vor ungewollten Farbspritzern geschützt. Von alten Menschen wird das auch viel besser toleriert, früher gab es keine Plastikschürzen – und die Männer in der Kreativrunde werden sich auch deutlich besser damit anfreunden können. Sollten Sie es für nötig erachten, zusätzlich auch die Hose oder den Rock zu schützen, legen Sie einfach ein ausgedientes Geschirrtuch auf den Schoß.

Wissen Sie um die Neigung Ihres Betreuten, Dinge in den Mund zu stecken, verwenden Sie am besten nur ungiftige oder, besser noch, nur genießbare Pflanzen zur Herstellung von Sonnenbildern (und von Tischdekorationen), also zum Beispiel Küchenkräuter oder Blätter und Blüten, die auch zu Tees verarbeitet werden. Im Anhang finden Sie dazu Hinweise auf weiterführende Literatur und eine interessante Pflanzen-Bestimmungs-App fürs Smartphone.

2.2 Keine Angst vor der Nähmaschine

Möglicherweise haben Sie schon lange nicht mehr genäht und Ihre Nähmaschine steht gut verborgen in einer stillen Ecke Ihrer Wohnung. Oder Sie wollen unbedingt ein Nähprojekt in Angriff nehmen und leihen sich eine aus. Dann sollten Sie sich als erstes mit Ihrer Nähmaschine (wieder) vertraut machen. Die Maschine selbst muss nicht viel können, mit Geradstich und Zickzackstich kommen Sie schon sehr weit. Sie sollten auf jeden Fall wissen:

- Wo wird die Maschine an den Strom angeschlossen und wo eingeschaltet?
- Wo wird das Pedal angesteckt? Bei den neueren Maschinen braucht man nicht mehr zwingend ein Pedal, sie bieten die Alternative, den Motor nur noch über Bedienknöpfe zu steuern. Für das Pedal gibt es dann einen separaten Anschluss.
- Wie wird der Unterfaden aufgespult und wie muss die Spule eingelegt werden?
- Wie wird der Oberfaden eingefädelt?
- Wie wird die Nähnadel gewechselt (z. B. wenn man für besondere Stoffe eine spezielle Nadel braucht oder nach einem Nadelbruch)?

Hätten Sie es gewusst? Auch alternde Gehirne haben ein großes Potenzial sich permanent weiterzuentwickeln. Neue Nervenverbindungen werden in bestehende Netzwerke eingeflochten, Gehirnregionen die benutzt werden, wachsen! Kreative Aktivität fördert diese Prozesse nachweislich. Auch kleine Erfolgserlebnisse und das Bewusstmachen dieser vorhandenen Leistungsfähigkeit stärken das Selbstbewusstsein der Senioren. Und genau dieses Kompetenzerleben ist wiederum Motivation für weitere Aktivitäten, die sich positiv auf das Gehirn (und das Gemüt) des alten Menschen auswirken.

Noch viel mehr interessante Erkenntnisse erhalten Sie bei der Lektüre des Buches von

Martin Korte (2012): **Jung im Kopf.** Erstaunliche Einsichten der Gehirnforschung in das Älterwerden. 3. Auflage, Pantheon-Ausgabe Dezember 2014, München: Deutsche Verlags-Anstalt

Vielleicht sollte ich noch anmerken, dass »Nähen mit und für Menschen mit Demenz« natürlich einen Nähkurs nicht ersetzen kann und darauf baut, dass Ihnen die wichtigsten Techniken des Nähens wenigstens nicht ganz unbekannt sind. In den Anleitungen gebe ich Ihnen auf jeden Fall genaue Hinweise, damit das Werk gut gelingen kann, aber wer sich doch nicht (mehr) so ganz sicher ist und detaillierte, bildreiche Beschreibungen wünscht, dem empfehle ich einen Blick in das Buch von Yoshiko Mizuno.

Yoshiko Mizuno (2012): **Nähen perfekt – Die Grundlagen sauberen Nähens.** 4. durchgesehene Neuauflage 2017, Grünwald: Stiebner Verlag

Wer seine Kenntnisse im Nähen auffrischen möchte oder sich noch zu den Anfängern in dieser schönen Kunst zählt, hat mit dem Buch der japanischen Nähdesignerin Yoshiko Mizuno ein reich bebildertes Nachschlagewerk in Händen, in dem ganz ausführlich und detailliert alle grundlegenden Techniken beschrieben werden, die Sie auch für das Nähen von Fühlobjekten benötigen. Angefangen über Stoff- und Garnkunde, Nähzubehör und Bügeltechniken finden sich darin Tipps zum Umgang mit der Nähmaschine, Anleitungen zum Zusammenheften von Stofflagen, zum Nähen von Säumen, Taschen, Einfassungen mit Schrägband, die Verwendung und Verarbeitung von Bügelvlies und noch vieles mehr.

- Welche Nähfüßchen stehen zur Verfügung und wie werden sie gewechselt?
- Wie stellt man die Stichlänge ein und die Unterfadenspannung?

Haben Sie diese Punkte geklärt und sich ein wenig im Nähen geübt, kann es eigentlich schon losgehen. Aber bedenken Sie bitte: Solange Sie selbst unsicher sind, empfiehlt es sich aus Sicherheitsgründen nicht, Menschen mit Demenz aktiv am Nähen zu beteiligen. Sie würden Ihre Nervosität und Anspannung übertragen, außerdem besteht immer eine gewisse Verletzungsgefahr beim Umgang mit Nadeln und Scheren. Wenn Sie Ihren Betreuten soweit kennen, dass Sie davon ausgehen können, dass es mit dem Nähen selbstständig klappt, lassen Sie ihn machen. Passen Sie auf ihn auf, aber trauen Sie ihm etwas zu! Das stärkt sein Selbstbewusstsein und ist ein großes Erfolgserlebnis. Ansonsten können Sie es so machen, wie ich mit Frau Fischer (siehe Kapitel 1.1): Wenn Sie das Fußpedal auf den Tisch legen, kann Ihr Betreuter das Pedal auch mit der Hand bedienen und Sie führen den Stoff durch die Maschine. Geht aktives Nähen bei Ihrem Betreuten nicht, lassen Sie ihn dennoch nach seinen Möglichkeiten mitmachen, wo immer es geht, zum Beispiel, indem Sie gemeinsam Stoffe auswählen, zuschneiden, bügeln, sich die Zuschnitte reichen lassen … aber das entscheiden Sie am besten spontan. Beziehen Sie ihn auf jeden Fall mit ein, lassen Sie ihn bei allen Arbeitsschritten zusehen und erklären Sie, was Sie tun. Ich finde es immer hilfreich, sich im Vorfeld einer Nähstunde Gedanken zu machen, was alles möglich wäre, sich entsprechend darauf vorzubereiten – und dann aus der Situation heraus zu entscheiden, was gerade das Beste ist.

Dies sind die wichtigsten Begriffe, die ich in den Anleitungen verwende:

- linke Stoffseite = die Rückseite / Unterseite / unschöne Seite
- rechte Stoffseite = die Vorderseite / Oberseite / schöne Seite
- absteppen = mit Geradstich nähen (Anfang und Ende einer Naht immer mit zwei bis drei Rückstichen sichern)
- einketteln = mit Zickzackstich einfassen
- Nahtzugabe = Abstand von der Naht zur Stoffkante
- einfacher Saum = der Stoff wird in der angegebenen Breite ein Mal nach innen umgeschlagen
- doppelter Saum = der Stoff wird zwei Mal nach innen umgeschlagen (einketteln in der Regel nicht nötig)
- Rechtecknaht = sehr stabile Befestigung eines Bandes mit einer in Rechteckform geführten Naht, manchmal mit zwei sich diagonal kreuzenden Innennähten, besonders geeignet für Taschen oder Verschlüsse
- mit Schrägband / Geradband einfassen = die Stoffkante mit einem dreifach gefalteten Stoffband ummanteln und alle Stofflagen zusammennähen. Dafür kenne ich zwei Methoden:
  1. die schnelle Methode:
     Alles mit Nadeln oder Klammern feststecken und absteppen. Bei mir wird es auf diese Weise oft nicht so schön und meistens bleiben auf der Unterseite irgendwo Lücken, die ich dann doch nochmal nachnähen muss. Deshalb verwende ich meistens
  2. die gründliche Methode:
     a) Schräg- oder Geradband aufklappen. Rechts auf rechts das Band auf der Stoffunterseite anlegen und knapp neben der Falte in der Nahtzugabe absteppen.
     b) Band umschlagen, feststecken und auf der Oberseite knapp absteppen.

2.3 Werkzeuge und nützliche Hilfsmittel

Nähnadeln

Mit einer Universalnadel können Sie eigentlich alles nähen. Da eine Fühldecke aus mehreren mitunter recht dicken Stofflagen besteht, kann es von Vorteil sein, eine robuste Jeansnadel vorzuhalten.

Wollen Sie mit Leder arbeiten, gibt es auch dafür eine eigene Nadel. Für Seide oder sehr dünne Stoffe nehmen Sie eine besonders dünne Nadel, für elastische Stoffe und Jersey eine Stretchnadel. Bei jeder Nähmaschine ist in der Regel ein kleines Nadelsortiment ❶ dabei.

Nähgarn

Bei Discountern finden Sie öfter mal kostengünstig bunte Garnsortimente – davon möchte ich Ihnen abraten. Meiner Erfahrung nach reißen die Garne sehr schnell und Sie müssen immer wieder neu einfädeln. Das macht keinen Spaß und sieht auch nicht hübsch aus! Stickgarne, die in Stickmaschinen Verwendung finden und auch auf Spulen verkauft werden, die genauso aussehen wie Nähgarnspulen, haben zwar oft sehr schöne, leuchtende, glänzende Farben, sind aber nicht genügend reißfest und deshalb zum Nähen leider nicht geeignet.

Farbloses Nähgarn ❷ wird aus Kunststoff hergestellt und verträgt nicht viel Hitze beim Bügeln – wenn Sie da zu weit aufdrehen, schmilzt der Faden dahin! Für Jeansstoffe gibt es extra dickes Garn. Heftfaden ❸ kann nützlich sein, wenn man ganz sicher gehen will, dass nichts verrutscht. Man kann damit sozusagen von Hand eine Vorausnaht machen. Er ist leicht zu reißen und nach dem »richtigen« Nähen schnell wieder entfernt. Gerade bei kniffligen Stellen eine gute Idee.

Meine Empfehlung: Ein gutes Allround-Nähgarn aus Polyester oder Baumwolle ❹ ist für die Herstellung von Fühl- und Nesteldecken absolut ausreichend, notfalls näht man doppelt über eine besonders dicke Stelle, dann hält es auch.

Stecknadeln und Klammern

Beim Nähen kommt man nicht darum herum, mehrere Stofflagen zusammenzuheften. Ganz traditionell geht das mit Stecknadeln. Gern verwende ich dafür Glaskopfstecknadeln ❺, sie sind besser zu sehen und zu greifen als die dünnen Stahlkopfnadeln. Für besonders dicke Stofflagen gibt es extra lange Quiltnadeln ❻. Meistens haben sie einen ab-

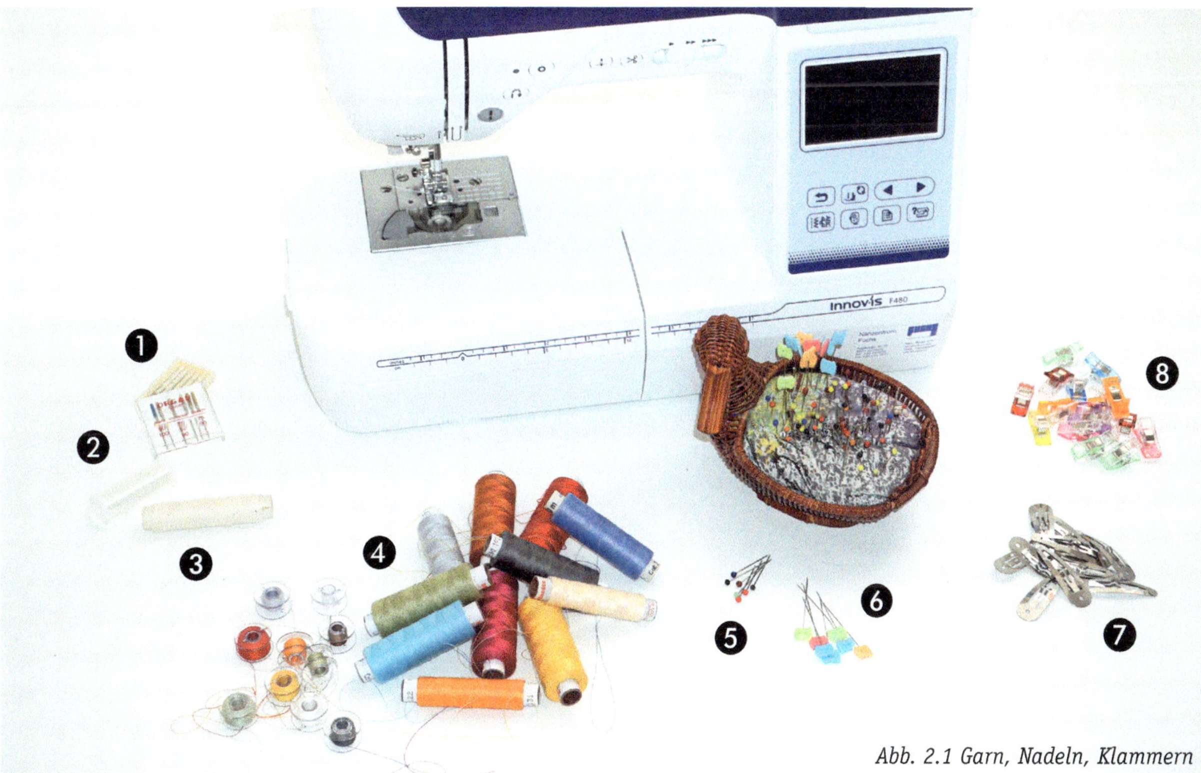

Abb. 2.1 Garn, Nadeln, Klammern

geflachten bunten Kunststoffkopf, der sehr gut zu greifen ist.

Fürchten Sie aus Gründen der Verletzungsgefahr den Umgang mit Stecknadeln, können Sie ausweichen auf Metallclips ❼ (ähnlich den Haarclips zum Hochstecken von Frisuren) oder Plastikklammern ❽ (ähnlich den gewöhnlichen Wäscheklammern), die es ebenfalls in verschiedenen Größen gibt.

Scheren und andere scharfe Werkzeuge

Sie brauchen, um genau zu sein, drei verschiedene Scheren:

- Eine scharfe Stoffschere ❾ zum Zuschneiden der Stoffe. Damit sollte man nie etwas anderes schneiden, weil sie sonst stumpf wird. Eine Papier- oder Bastelschere ❿ zum Zuschneiden der Pappschablonen und eine Fadenschere ⓫ zum Abschneiden der überstehenden Fäden.
- Ein Trennmesserchen ⓬ leistet gute Dienste, wenn eine Naht mal nicht so gelungen ist, auch zum Aufschneiden von Knopflöchern verwende ich es gern.
- Und wenn Sie gleichzeitig mehrere Lagen Stoff auf gerader Linie zuschneiden wollen, zum Beispiel Streifen für Schrägbänder oder beim Begradigen von Rändern, hilft Ihnen ein Rollschneider ⓭ gut weiter.

Schneidematte

Eine Schneidematte ⓮ ist aus schnittfestem Kunststoff und damit die perfekte Unterlage, wenn Sie mit dem Rollschneider hantieren (oder wenn Sie mit dem Teppichmesser Schablonen aus Pappe zuschneiden).

Schrägbandformer

Mit Schrägband kann man sehr schön Näharbeiten einfassen. Es ist in den verschiedensten Farben, aber für gewöhnlich im Handel nur in einer Standardbreite von 20 mm erhältlich. Die angegebene Breite bezeichnet immer die »fertige Breite« mit den bereits nach innen umgeklappten Seiten und einem schmalen einfach liegenden Mittelstreifen,

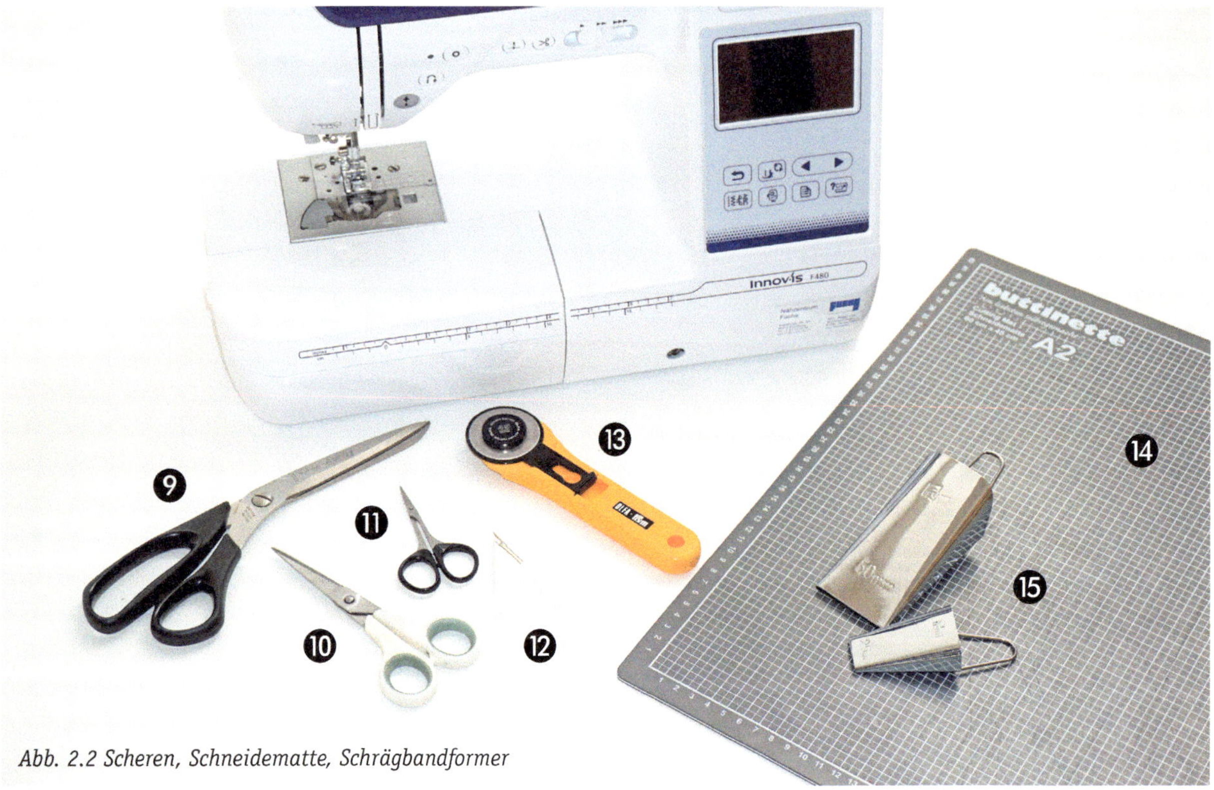

Abb. 2.2 Scheren, Schneidematte, Schrägbandformer

das heißt, der zum Schrägband geformte Stoffstreifen ist in Wirklichkeit knapp doppelt so breit wie angegeben, in diesem Fall also 38 mm. Mit einem Schrägbandformer ⓯ können Sie schnell und gleichmäßig aus beliebigen Stoffstreifen aus Ihrem Fundus selbst Schrägbänder und Geradbänder herstellen. Der Unterschied: Schrägband wird diagonal zum Fadenlauf geschnitten, ist dadurch elastisch und besonders geeignet, wenn Rundungen eingefasst werden sollen. Geradband wird entlang dem Fadenlauf geschnitten und dehnt sich nicht. Die praktischen Helfer gibt es in verschiedenen Breiten (6 mm, 12 mm, 18 mm, 25 mm und 50 mm).

Lineal und Maßband

Rollschneider-Lineale ⓰ gibt es in verschiedenen Größen. Sie sind aus durchsichtigem Kunststoff mit cm-Einteilung. Damit können Sie schnell und einfach Parallelen oder Winkel aufzeichnen, Quadrate, Rechtecke oder Dreiecke konstruieren. Sie sind die ideale Ergänzung zum Arbeiten mit dem Rollschneider. Schmale Abstände lassen sich gut mit einem Saummaß ⓱ abmessen und anzeichnen. Maßbänder gibt in es als Band zum Aufrollen von Hand ⓲ oder in einer Kassette mit Aufrollautomatik ⓳.

Schablonen

Angenommen, Ihre Fühldecke soll aus mehreren gleich großen Formen bestehen, die Sie später zu einem Ganzen zusammenfügen, dann ist es sehr zeitaufwendig, wenn Sie jedes Mal von vorne beginnen, die Seiten auszumessen und aufzuzeichnen. Haben Sie ein mehrmals wiederkehrendes Motiv, also beispielsweise ein Quadrat, ein Dreieck oder Rechteck mit den gleichen Maßen, fertigen Sie sich eine passende Schablone aus Pappe ⓴, die Sie immer wieder verwenden können. Am besten gleich mit den Maßen beschriften, dann sparen Sie sich späteres Nachmessen.

Schneiderkreide

Um Linien auf dem Stoff anzubringen und Markierungen zu übertragen, verwenden Sie am besten

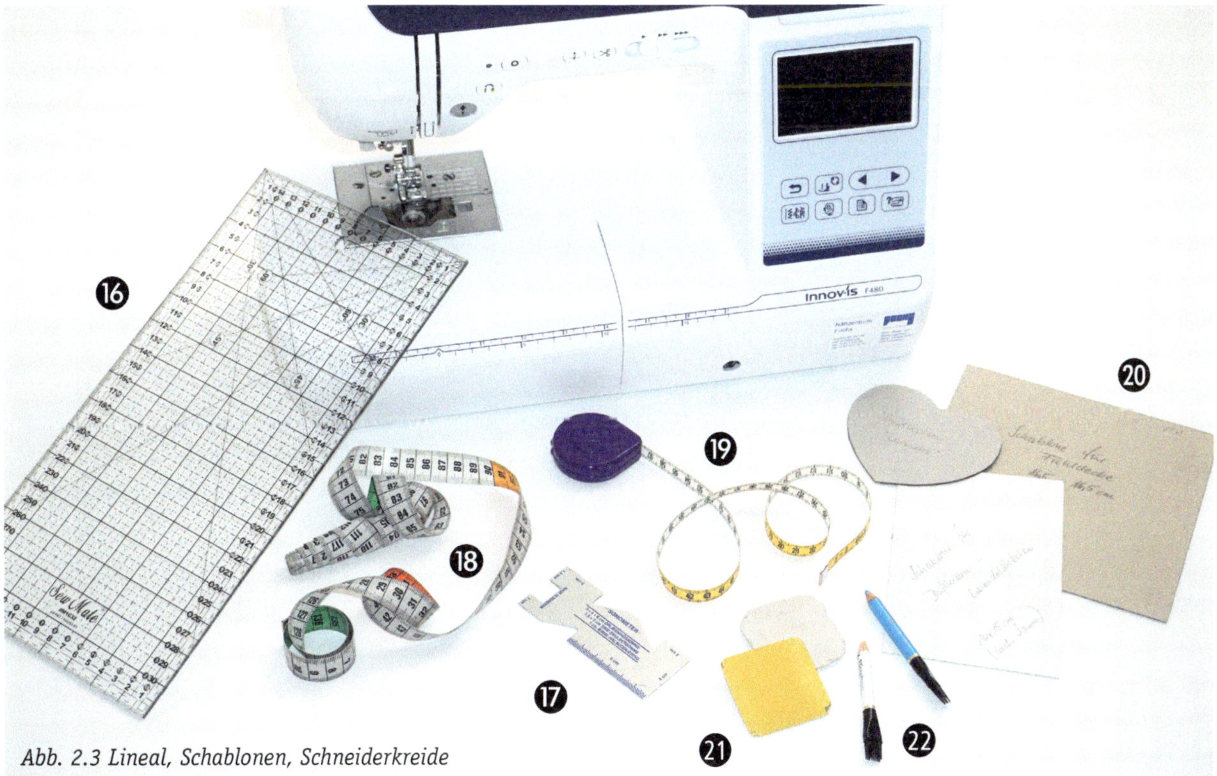

Abb. 2.3 Lineal, Schablonen, Schneiderkreide

Schneiderkreide. Sie ist klassisch als flaches Kreidestück ㉑ in verschiedenen Farben erhältlich oder als Kreidestift ㉒. Wenn Sie möchten, können Sie auf hellen Stoffen auch einen weichen Bleistift verwenden, auf dunklen einen weißen Buntstift, die Markierungen gehen beim Waschen allerdings nicht so gut raus.

Fadentöpfchen

Jeder hat ja so seine eigene Arbeitsweise, damit aber die Fadenreste, Flusen und kleinen Stoffschnipsel, die unweigerlich anfallen, sich nicht über Kleidung, Tisch und Boden verteilen, stelle ich immer noch eine kleine Schale neben die Nähmaschine und werfe erstmal alles da hinein. Das Fadentöpfchen, wie ich es nenne, ist nach der Nähstunde schnell ausgeleert und der Arbeitsplatz rasch wieder in Ordnung.

2.4 Ideen skizzieren, Stoffe zuschneiden

Haben Sie eine konkrete Idee, wie das Fühlobjekt aussehen soll, also wie groß es werden, welche Form es bekommen soll und mit welchen Accessoires Sie es ausgestalten möchten, brauchen Sie zunächst eine genaue Zeichnung. Hierin münden nun all Ihre Beobachtungen aus der Milieuanalyse (siehe Kapitel 1.2), die Hintergrundinformationen zur Biografie und Ihre kreativen Ideen, mit denen Sie Ihren Betreuten bereits bei der Herstellung des Fühlobjektes miteinbeziehen können. Erst danach geht es ans Zuschneiden der Stoffe.

Für die Skizze nehmen Sie ein Blatt Papier (DIN A4) und zeichnen mit Bleistift die äußere Form mittig und am besten gleich maßstabsgetreu auf das Papier. Da unsere Musterdecke nicht so groß und kompliziert werden soll, nehmen wir eine rechteckige Grundform an mit fertiger Seitenlänge von 35 cm x 45 cm.

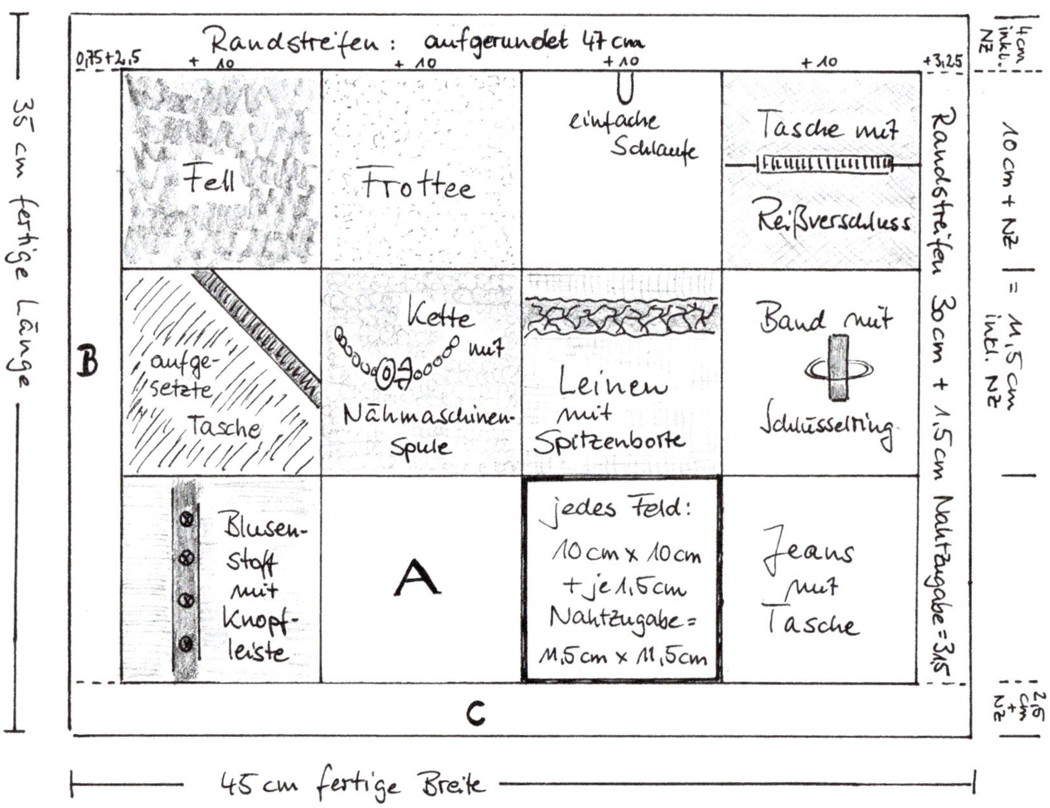

Abb. 2.4
Skizze
Rechteck 35 cm x 45 cm

Die Beispieldecke soll rundherum einen schmalen Rand von 2,5 cm bekommen und insgesamt 12 quadratische Felder zu je 10 cm Seitenlänge.

Zeichnen Sie den umlaufenden Rand in das Rechteck, danach die Stoff-Felder. Später zeichnen Sie die Felder in Form, Anzahl und Größe natürlich nach Ihren Vorstellungen.

Die Nahtzugabe (= NZ) berechnen Sie, indem Sie zu jeder Seite, die Sie mit einem anderen Stoff zusammennähen, 0,75 cm hinzuzählen. Das heißt, dass alle Quadrate (in der Skizze bezeichnet mit A) insgesamt eine Größe von 11,5 cm Seitenlänge haben müssen (0,75 cm + 10 cm + 0,75 cm = 11,5 cm) Und warum gerade 0,75 cm? Weil das genau einer Füßchenbreite bei mittlerer Nadelposition entspricht und Sie ohne abzumessen immer den gleichen Abstand beim Nähen halten können. Bevor Sie dieses Maß unbesehen übernehmen, messen Sie sicherheitshalber an Ihrer Maschine nochmal nach.

Für die kurzen Seitenstreifen (in der Skizze bezeichnet mit B) brauchen wir 2 Streifen mit 31,5 cm (0,75 cm + 30 cm + 0,75 cm) Länge und 4,0 cm Breite (0,75 cm + 2,5 cm + 0,75 cm) und zwei lange Streifen (C) mit aufgerundet 47 cm Länge und ebenfalls 4,0 cm Breite (0,75 cm + 2,5 cm + 40 cm + 2,5 cm + 0,75 cm = 46,5 cm). Die Randstreifen brauchen auch zwei Nahtzugaben, es wird ja immer noch eine Rückseite an die Decke genäht. In der Regel näht man erst alle Quadrate A zusammen, setzt seitlich die kurzen Streifen B an und schließt das Top mit dem Annähen der langen Randstreifen C ab.

Als Nächstes machen Sie sich Gedanken über die Verteilung der ausgewählten Stoffe. Schreiben Sie am besten einfach in die Skizze oder markieren Sie mit Farbe – Hauptsache, Sie wissen später noch, wie Sie die Stoffe anordnen wollen.

Des Weiteren markieren Sie die Stellen, an denen Schlaufen, Reißverschlüsse, Knopfleisten etc. eingenäht werden sollen.

Jetzt haben Sie eine übersichtliche Zeichnung und können Ihre Arbeit auch jederzeit unterbrechen, weil Sie später anhand der Skizze den Einstieg gleich wieder finden. Aus Ihren Notizen, die Sie sich gemacht haben, wissen Sie natürlich auch, welches zusätzliche Zubehör Sie brauchen.

Für die Beispieldecke werden 12 gleich große Quadrate benötigt. Es bietet sich also an, Schablonen für den Zuschnitt anzufertigen. Konstruieren Sie das Quadrat einschließlich der Nahtzugaben einmal auf einem dicken Pappkarton (Rückseiten von Blocks oder Kalendern sind dafür optimal), schneiden es aus und verwenden es als Schablone. Idealerweise beschriften Sie die Pappschablone mit den Maßen (hier 10 cm Seitenlänge + 1,5 cm Nahtzugabe), dann ist sie für ein weiteres Nähprojekt schnell wieder zur Hand.

Der Stoff wird in aller Regel nach dem Fadenlauf geschnitten, damit er sich nicht verzieht. Bei gemusterten Stoffen nicht übersehen, das gewünschte Motiv in die Mitte zu rücken! Haben Sie alle benötigten Stoffteile zugeschnitten, legen Sie sie nach Ihrer Skizze aus. Jetzt können Sie gegebenenfalls noch Änderungen vornehmen. Passt alles, machen Sie geschickterweise ein (Handy-)Foto – im Zweifelsfall können Sie sich beim Zusammensetzen der Teile daran orientieren.

2.5 Auswahl der Stoffe und Inlays

Für die Vorderseite der Fühlobjekte können Sie so gut wie alle Stoffe verwenden, die Sie schön oder für Ihren Betreuten passend finden. Ein ungewöhnliches und auffälliges Element sind selbst gemachte Sonnenbilder, gerade wenn Sie vorhaben, ein Kissen für die Couch oder ein Wandbild herzustellen. Bei der Auswahl der Stoffe sollten Sie zudem bedenken, dass das fertig genähte Stück auch mal gewaschen werden muss und möglicherweise recht strapazierfähig sein sollte – je nachdem, mit wieviel Kraft und Temperament damit umgegangen wird.

Möchten Sie ganz speziell auf einen bestimmten Menschen eingehen und einen biografischen, individuellen Bezug herstellen, bietet es sich an, Textilien aus dem Fundus der betreuten Person zu verwenden. Das können Hemden, Blusen oder Hosen, aber auch Tischwäsche oder Hand- und Geschirrtücher sein.

Verwenden Sie neue Stoffe aus Baumwolle oder Leinen, empfiehlt es sich, diese erst einzuketteln und dann zu waschen, sie neigen dazu etwas einzulaufen.

Für die Rückseiten nehmen Sie am besten eher feste, dickere Stoffe wie beispielsweise Jeans oder Segeltuch (= Canvas). Letzteres gibt es in verschiedenen Ausführungen als reine Natur- oder Mischfaser, je nach Ausführung auch wasserabweisend oder schwer entflammbar. Möbelbezugsstoffe kommen für die Rückseiten ebenso in Frage wie Gardinen, Tischtücher, Bettwäsche … Diese Stoffe geben der Fühldecke Form und Stabilität.

Zwischen die beiden Stofflagen wird ein Vlies gelegt, um dem Fühlobjekt das richtige Volumen zu geben. Wie könnte es anders sein, Sie haben wieder einmal die Qual der Wahl:

Volumenvlies wird von mehreren Herstellern in verschiedenen Stärken und Fasermischungen angeboten. Es gibt welche, die nur zwischen die Stofflagen gelegt und dann mit vernäht werden ❶. Andere sind flammhemmend ausgerüstet oder haben besonders gute wärme- oder kälteisolierende Eigenschaften ❷.

Wieder andere haben eine Beschichtung, die es ermöglicht, den Stoff durch Bügeln mit dem Vlies fest zu verbinden ❸.

Wie dick das Vlies am Ende sein soll, richtet sich ganz nach dem Verwendungszweck und den Stoffen, die Sie für Vorder- und Rückseiten ausgewählt haben.

Ein Fühlbuch zum Beispiel braucht gar kein Volumen, aber dafür besonders stabile Seiten, die sich gut umblättern lassen und nicht von selbst umknicken. Um diesen Effekt zu erhalten, verwenden Sie durch Bügeln fixierbares Schabrackenvlies ❹. Einem Wandbild dagegen geben Sie Stabi-

Abb. 2.5 verschiedene Vliese

lität, indem Sie auf den rückwärtigen Stoff eine verstärkende fixierbare Vlieseinlage bügeln ❺. Die Strukturen des Bildes unterstreichen Sie wieder durch ein Volumenvlies. Speziell für Wandbilder und für das Bett-Fühlutensilo eignet sich eine Einlage aus einer gewöhnlichen Bügelbrettunterlage ❻. Diese Vliesmatten sind relativ steif, was für diesen Zweck aber gerade gut ist. Es gibt sie kostengünstig in verschiedenen Größen zu kaufen. Es steht zwar immer dabei, dass man sie nicht waschen soll, aber nach meiner Erfahrung halten sie eine Vollwäsche bei 60 °C sehr gut aus und laufen nur minimal ein. Damit hätten Sie also Versteifung und Volumen in einem – sehr praktisch!

Zur Verarbeitung der Vliese kann man grundsätzlich sagen: Seien Sie großzügig beim Zuschneiden. Wenn Sie ein Vlies verwenden, das nur zwischen die Stofflagen gelegt wird, geben Sie ruhig auf jeder Seite 2 cm zu. Durch Absteppen und leichtes Verrutschen der Stofflagen kommt es meistens zu »Verlusten«. Überstehendes können Sie vor der endgültigen Fertigstellung begradigen. Genau umgekehrt gehen Sie vor, wenn Sie Vliese durch Bügeln mit dem Stoff fest verbinden. Schneiden Sie das Vlies genau zu und nehmen Sie den Stoff etwas größer.

2.6 Accessoires für die Fühlobjekte

Allerlei kleine Dinge und Miniaturen von Alltagsgegenständen machen die Fühlobjekte zu etwas Besonderem, setzen einen thematischen Schwerpunkt und geben ihnen den letzten Schliff. Nur ist es ja leider oft so, dass man gerade das augenblicklich Gesuchte nicht findet, wenn es dringend ist. Das kennen Sie selbst zu gut, denken Sie nur an Weihnachten oder einen Geburtstag, für den man auf die Schnelle noch ein passendes Geschenk braucht … Mit der Zeit habe ich mir angewöhnt, mit Schatzsucheraugen durch Läden, auf Märkte und durch die Natur zu gehen. Man läuft an vielen schönen Kleinigkeiten einfach vorbei und inzwischen nehme ich sie auch meistens mit. Dadurch habe ich jetzt eine kleine Sammlung an Raritäten, die mich in die Lage versetzt, relativ schnell wieder ein Fühlobjekt nähen zu können, wenn ich eine neue Idee habe.

Nach all den vorausgegangenen Überlegungen ist es eigentlich klar, aber denken Sie bitte immer daran: Die Fühldecken sind für Senioren gedacht, Kinderspielzeug hat daran also nichts zu suchen, so schön und klein die Sachen auch sein mögen – es sei denn, Sie machen ganz bewusst ein Fühlobjekt zu diesem Thema. Mir fällt dazu eine Dame im Seniorenheim ein, die ohne ihre etwa 50 cm große Stoffpuppe nicht sein wollte. Immerzu hat sie diese im Arm gehalten und mit ihr gesprochen. Viel weiß ich zu ihrer Biografie nicht. Nur so viel, dass sie im Zweiten Weltkrieg aus ihrer Heimat vertrieben wurde. In einem solchen Fall wäre es von großer Wichtigkeit, die Hintergründe ihres Verhaltens zu erforschen, nicht dass man unbedacht alte Wunden aufreißt. Vielleicht hat sie damals (auf der Flucht?) ihr Kind verloren?

Aber zurück zu den Accessoires. Man findet sie überall, zum Beispiel Mini-Plätzchenausstecher oder eine kleine Fliegenklatsche im Supermarkt, ein Mini-Meterstab als Schlüsselanhänger im Baumarkt, diverse Bürsten und Kämme in der Drogerie. Auch Weihnachts- oder Handwerkermärkte sind eine wahre Fundgrube. Vielleicht findet sich aber auch in einer Schublade oder auf dem Dachboden in einer verstaubten Kiste noch ein altes Kartenspiel, ein kleiner Handspiegel oder, für die Sportbegeisterten, ein Minifußball oder ein kleiner Tischtennisschläger. An mancher Jacke ist ein toller Knopf dran und an einem alten Mantel eine schöne Gürtelschnalle. Sie sehen schon, man kann aus (fast) allem etwas machen und es muss noch nicht einmal Geld kosten.

Wer gern am Abend sein Strickzeug hervorholt, kann in kurzer Zeit kleine Mützen, Schals, Pullover und Socken fertigen. Auch Bommel aus Wollresten, geknüpfte oder gewebte Bänder sind schöne Gegenstände, die ausgiebig betrachtet und befühlt werden. Gehäkeltes oder gar geklöppelte Spitzen sind natürlich auch etwas ganz Besonderes.

Abb. 2.6 Reißverschluss

Abb. 2.7 Knopf

Abb. 2.8 Gardinenringe

Abb. 2.9 Schlüsselring

2.7 Beispiele für Verschlüsse, Schlaufen und Befestigungen

Die schönsten Gestaltungselemente nützen nichts, wenn sie nicht da bleiben, wo sie hingehören. Sie müssen also gut befestigt werden, damit sie nicht verloren gehen oder bei Benutzung schnell abreißen. Ein Fühlobjekt muss schon so Manches aushalten, wobei ich nach wie vor sehr erstaunt bin, mit wieviel Behutsamkeit die Demenzbetroffenen zumeist damit umgehen. Es ist, als spürten sie, dass sie etwas in Händen halten, was kostbar ist. Nur, darauf würde ich mich nicht unbedingt verlassen. Die losen Kleinteile sollten in jedem Fall so angebracht werden, dass sie auch wieder abgenommen werden können, falls das Fühlobjekt gewaschen werden muss, oder wenn die Accessoires einer Reinigung bedürfen.

Hier ein paar Beispiele:

- Reißverschlüsse mit gut zu greifendem Zipper (Klettverschlüsse finde ich nicht so geeignet, denn sie klappen leicht von selbst wieder zu.)
- Knöpfe als Verschluss / als Aufhänger / als Befestigung
- Gardinenringe aus Metall oder Kunststoff
- Schlüsselringe in genähten Schlaufen sind ideal zum Abnehmen

2.8 Waschen und Pflegen der Fühlobjekte

Durch das bewusste Kombinieren von verschiedenen Textilien ergibt es sich, dass die Waschtemperatur nicht pauschal angegeben werden kann. Sie richtet sich immer nach der empfindlichsten Faser.

Sehr gute keimreduzierende Waschergebnisse erhalten Sie bereits bei der Kombination von einem 45-minütigen 40 °C Hauptwaschgang und einem bleichehaltigen Vollwaschmittel (vgl.: Baumann 2019).

Wollen Sie ganz sichergehen, weil Sie beispielsweise um vorhandene Norovirusinfektionen, sonstige Magen-Darminfekte oder Pilzerkrankungen wissen, stellen Sie Ihre Waschmaschine auf das gewöhnliche Koch-/Buntwäscheprogramm mit 60 °C (also nicht das Ökoprogramm!) und verwenden ebenfalls ein Waschpulver mit Sauerstoffbleiche. Damit erreichen Sie eine vollständige Ablösung bzw. Abtötung von Hautbakterien, Darmbakterien, unbehüllten Viren und Pilzen. Achten Sie bitte darauf, dass dem Waschmittel auch wirklich Sauerstoffbleiche zugegeben ist. Bleichmittel auf Quats- und Chlorbasis belasten unnötig die Umwelt und sind gegen bestimmte Bakterien oder Viren nicht wirksam. Möglicherweise verlieren die Farben Ihrer Fühldecke etwas an Intensität, es lohnt sich aber, diesen Kompromiss zugunsten der keimtötenden Eigenschaft der bleichehaltigen Vollwaschmittel einzugehen. Color- und Flüssigwaschmittel enthalten übrigens kein Bleichmittel, es müssen also wirklich das althergebrachte Pulver, Perlen oder Tabs sein (vgl.: Bockmühl 2018).

Wenn Sie nun aber unbedingt feine Stoffe wie Wolle oder Seide an Ihrem Fühlobjekt haben wollen, können Sie sie ja als abnehmbares Accessoire anbringen, dann können die empfindlichen Textilien separat gewaschen werden.

Bockmühl, Dirk (2018): **Keim daheim.**
Alles über Bakterien, Pilze und Viren.
München: Droemer Verlag

Eine außergewöhliche Führung durch die Wohnung erlebt man mit Dirk Bockmühl, Professor für Hygiene und Mikrobiologie an der Hochschule Rhein-Waal in Kleve, wenn man ihm durch die Kapitel seines Buches folgt. Anschaulich und auch mal mit einem Augenzwinkern bringt er dem Leser die unsichtbare Welt der Mikroorganismen nahe. Beruhigend zu erfahren, dass nicht alle krank machen – und gut zu wissen, wo die Gefahren lauern!

Genauso kann man es auch mit allen anderen, nicht in der Maschine waschbaren Kleinteilen machen.

Stellen Sie ein Fühlobjekt her, das in einer Einrichtung verbleibt oder in einem anderen Haushalt als dem Ihren gewaschen wird, geben Sie idealerweise der zuständigen Betreuungsperson eine Pflegeanleitung mit. Das kann entweder in Form eines »Beipackzettels« sein oder, besser noch, als eingenähtes Etikett. Das kann nicht verloren gehen. Für beide Möglichkeiten finden Sie im Anhang einen Gestaltungsvorschlag (siehe Kapitel 4.5).

2.9 Verwendung, Wirkung und Eigenschaften von Naturmaterialien

Bei Senioren, die schon länger in einer stationären Einrichtung leben und nicht mehr selbstständig das Haus verlassen können, verblasst mit der Zeit die Erinnerung an Dinge, die sie im Alltag nicht mehr sehen oder riechen, die sie nicht mehr in Händen halten. Dabei denke ich etwa an Baumrinde, Steine, Federn und an die verschiedensten Kräuter und Gewürze, aber auch an Naturwolle, Seide und Jute. Diese Materialien lassen sich allesamt gut an Fühlobjekten anbringen.

Dass Düfte und Aromen auf den menschlichen Organismus in verschiedener Art und Weise wirken, ist kein Geheimnis. Geht es Ihnen darum, für Ihren Betreuten nicht nur einen Lieblingsduft anzubringen, sondern auch eine gezielte Wirkung damit zu erreichen, ist es hilfreich, über die gängigsten Pflanzen Bescheid zu wissen. Viele davon finden sich in Hausgärten oder am Wegesrand. Nach meinem Empfinden bietet es sich an, bei Duftsäckchen immer nur ein Aroma auszuwählen. Bei der Herstellung von Füllungen für Fühlkissen können Sie aber durchaus verschiedene Kräuter und Füllmaterialien miteinander kombinieren. Das hat man früher auch schon gemacht, als es noch üblich war, sich auf Stroh zu betten. Da gab es die sogenannten Bettstrohkräuter, die man der Matratzenfüllung beigemischt hat. Der schlaffördernde Hopfen gehörte dazu oder auch die beruhigende Melisse.

Nachfolgend habe ich Ihnen eine kleine Übersicht zusammengestellt:

Füllmaterialien

- Je feiner das verwendete Füllmaterial ist, desto anschmiegsamer sind die Kissen. Spelzkissen sind leicht und luftdurchlässig, feuchtigkeitsregulierend und sollten immer wieder aufgeschüttelt werden.
- Um Schimmelbildung vorzubeugen, sollen die Kissen grundsätzlich nicht nass werden. Ist ein Kissen versehentlich doch mal Feuchtigkeit ausgesetzt gewesen, wird es am besten auf der Heizung oder bei niedriger Temperatur (50 °C) im Backofen gründlich getrocknet. Aus hygienischen Gründen ist es ratsam, direkten Hautkontakt zu vermeiden und das Kissen in eine zweite, waschbare und ebenfalls luftdurchlässige Hülle zu stecken.
- Die Haltbarkeit der Füllungen richtet sich danach, wie intensiv die Kissen gebraucht werden. Auch bei intensiver Nutzung können Sie davon ausgehen, dass sie mindestens ein Jahr lang halten, bei nicht so häufigem Gebrauch sind es gut und gern drei Jahre. Bei Duftkissen wechseln Sie die Füllung aus, wenn der Geruch deutlich nachgelassen hat.
- Für die unmittelbare Hülle der Kissen verwenden Sie am besten hitzebeständige und luftdurchlässige Stoffe wie Baumwolle oder Leinen. Und damit die Füllung, gerade bei Wärmekissen, nicht verrutscht, bietet es sich an, mehrere Kammern zur Unterteilung einzunähen.
- Wärme- und Kälteanwendungen, aber auch Düfte und Aromen wirken auf unseren Körper und unsere Psyche. Das ist gut und an dieser Stelle auch gewollt. Um ungewollte Reaktionen zu vermeiden, muss man sich aber vor der Anwendung darüber informieren, ob eventuell Kontraindikationen vorliegen, also eine Allergie oder ein anderes gesundheitliches Risiko. Im Zweifelsfall bitte immer zuerst die zuständige Pflegefachkraft oder den Arzt fragen!

Naturwolle
ist eine sehr flauschige, leichte, zurückfedernde Füllung mit sehr guten temperatur- und feuchtigkeitsregulierenden Eigenschaften. Gut geeignet für große Kissen und Rollen. Als einziges der hier aufgeführten Füllmaterialien ist sie von Hand, mit Wollwaschmittel, bei maximal 30 °C waschbar. Nach dem Waschen unbedingt gut an der Luft trocknen lassen! Regelmäßig aufschütteln.

Dinkelspelz ❶
ist leicht, relativ groß, sehr luftdurchlässig und raschelt ein wenig. Für größere Kissen und Rollen eine gute Wahl. Trockene Kräuter oder klein gehacktes Haferstroh können ohne Weiteres beigemischt werden.

Hirsespelz ❷
ist sehr klein und fein, es raschelt nicht und fühlt sich im Kissen weich an. Für kleine und mittelgroße Kissen geeignet. Am besten nur mit feinen Beimischungen verwenden. Grobe Stängel würden unangenehm hervorstechen.

Leinsamen ❸
haben einen Ölgehalt von etwa 40 Prozent und können dadurch Wärme (oder Kälte) lange speichern. Sie sind sehr klein, haben eine glatte Oberfläche und sind, ohne weitere Beimischungen, hervorragend geeignet, um Wärmekissen herzustellen, die Sie unter anderem auch als Inlay für das im Praxisteil beschriebene Couchkissen verwenden können (siehe Kapitel 3.7). Mit 500 g Leinsamen können Sie ein flaches Kissen in der Größe eines DIN A4 Blattes herstellen.

Für die wärmende Anwendung heizen Sie den Backofen auf 80 °C bis 100 °C (Heißluft) auf. Dann legen Sie das Leinsamenkissen auf der mittleren Schiene auf den Rost und erwärmen es etwa 10 bis 15 Minuten. Nach dem Herausnehmen gibt

Abb. 2.10 Füllmaterialien

das Kissen für rund eine halbe bis dreiviertel Stunde langsam die gespeicherte Wärme wieder ab. Möchten Sie jedoch das Kissen in der Mikrowelle erhitzen, reichen zwei bis drei Mal 1 Minute bei 600 W aus. Zwischendrin das Kissen herausnehmen, etwas aufschütteln oder durchkneten und die Temperatur überprüfen.

Für die kühlende Anwendung stecken Sie das Leinsamenkissen in eine Plastiktüte, verschließen sie zum Schutz vor Feuchtigkeit und legen das Kissen für etwa 30 bis 40 Minuten in den Kühl- oder Gefrierschrank, je nach gewünschter Kälteintensität. Gerade an heißen Tagen kann dieses Kissen für bettlägerige Bewohner eine angenehme Erfrischung sein.

Traubenkerne ❹ und Rapssamen ❺
haben ähnliche Eigenschaften wie Leinsamen und können in gleicher Weise oder auch wie gewöhnliche anschmiegsame Kälte- oder Wärmekompressen verwendet werden.

Kirschkerne ❻
sind allgemein bekannt als Füllung für Wärmekissen. Da sie aber doch schwer und hart sind, finde ich sie für die Anwendung in Fühlobjekten nicht so geeignet. Höchstens als Minisäckchen, das zum Kneten anregt und damit die Mobilität der Finger fördert.

Kräuter und Gewürze

Diese können Sie, wie bereits erwähnt, als Beimischung für Kissenfüllungen verwenden oder aber für kleine Duftsäckchen. Auch hier liegt es ganz in Ihrem Belieben, Duftpotpourris zusammenzustellen oder die Aromen in ihrer Reinheit zur Entfaltung kommen zu lassen. Um Erinnerungen an bestimmte Düfte anzuregen, wie mit den Duftstangen bei dem Bett-Utensilo, ist das optimal.

Durch leichtes Erwärmen (Körpertemperatur reicht bereits aus) oder durch sanftes Kneten der Duftsäckchen strömen die ätherischen Öle aus. Natürliche Düfte sind in der Regel eher dezent, Lavendel und Nelken riechen sehr intensiv und bilden damit eine Ausnahme. In der Tabelle finden Sie eine kleine Auswahl an Kräutern und Gewürzen, die vermutlich in den meisten Haushalten und Gärten vorhanden sind (vgl.: Romer 2007).

Wenn Sie viel Glück haben, entdecken Sie im Sommer bei einem Spaziergang einen wilden Hopfen, vielleicht wohnen Sie aber auch in einem Hopfen-Anbaugebiet, dann fragen Sie doch mal beim Besitzer der Plantage nach, ob Sie ein paar Dolden zum Trocknen abbekommen können. Die schlafför-

Gewürz / Kraut	genutzte Pflanzenteile	Wirkung auf Geist und Seele	mischt sich gut mit
Anis	Samen	beruhigend, spannungslösend	Fenchel, Kümmel, Kamille, Koriander, Kreuzkümmel, Rose, Lavendel
Dill	Blätter und Samen	beruhigend, entspannend	Anis, Fenchel, Kreuzkümmel, Koriander, Kamille
Fenchel	Samen	beruhigend, stärkend	Anis, Kümmel, Koriander, Kamille, Melisse, Pfefferminze, Lavendel, Rose
Kamille	Blüten	beruhigend	Lavendel, Rose
Koriander	Samen	entspannend, aphrodisisch, fördert die Gedächtnisleistung	Rose, Zimt, Anis, Fenchel, Kreuzkümmel, Lavendel
Kreuzkümmel	Samen	beruhigend, aphrodisisch	Rose, Lavendel, Zimt, Anis, Fenchel, Koriander
Lavendel	Blätter und Blüten	beruhigend, entspannend, schlaffördernd, antidepressiv	Kamille, Rose, Melisse, Schafgarbe
Lemongrass	Blätter	konzentrationsfördernd, belebend, anregend, stimmt optimistisch, antidepressiv	Lavendel
Majoran	Blätter und Blüten	beruhigend, schlaffördernd, entspannend	Rose, Lavendel, Rosmarin, Kamille
Melisse	Blätter und Blüten	beruhigend, schlaffördernd, entspannend, antidepressiv	Lavendel, Kamille, Rose
Nelke	Blütenknospen	anregend, stimulierend, nervenstärkend	Lavendel, Zimt, Kamille
Oregano / Dost / wilder Majoran	Blätter und Blüten	beruhigend, ausgleichend	Rosmarin
Pfefferminze	Blätter und Blüten	konzentrationsfördernd, belebend	Thymian, Rosmarin, Rose, Lavendel
Rose	Blütenblätter	psychisch stabilisierend, aphrodisisch, beruhigend, harmonisierend	Lavendel
Rosmarin	Nadeln	konzentrationsfördernd, anregend, stabilisierend	Pfefferminze, Lemongrass, Wacholder
Salbei	Blätter	anregend, harmonisierend	Lavendel, Rosmarin, Ysop
Schafgarbe	Blätter und Blüten	beruhigend, harmonisierend	Kamille, Lavendel, Melisse, Majoran
Thymian	Blätter und Blüten	anregend, stärkend, konzentrationsfördernd	Melisse, Rosmarin, Majoran, Rose, Zimt
Wacholder	Beeren	beruhigend, stärkend	Lavendel, Rosmarin, Pfefferminze
Ysop	Blätter und Blüten	anregend, konzentrationsfördernd	Lavendel, Salbei, Rosmarin
Zimt	Rinde	stimulierend (in geringen Dosen), stärkend, aphrodisisch	Lemongrass, Rose, Lavendel, Pfefferminze, Nelke

dernde und beruhigende Wirkung (nicht nur im Bier) ist seit Jahrhunderten bekannt. Möchten Sie auf ein von mir erprobtes Duftkissen mit beruhigender und schlaffördernder Wirkung zurückgreifen, finden Sie dafür ein Rezept im Anhang (siehe Kapitel 4.4).

Vielleicht denken Sie sich, alles schön und gut, aber woher die beschriebenen Dinge nehmen und nicht stehlen? Im Anhang finden Sie ein paar wenige Bezugsadressen für die oben beschriebenen Materialien (siehe Kapitel 4.6). In den Weiten des Internets finden sich natürlich unendlich mehr Bestellmöglichkeiten. Bevor Sie sich nun voller Tatendrang an Ihren Computer setzen, möchte ich Ihnen an dieser Stelle aber unbedingt noch eine Bitte ans Herz legen: Wenn es bei Ihnen noch ein Ladengeschäft in der Nähe gibt, kaufen Sie doch nach Möglichkeit dort ein. Sie sorgen damit nicht nur dafür, dass die kleinen Geschäfte in Ihrer Region überleben können und Menschen ihren Arbeitsplatz behalten. Sie haben auch den großen Vorteil, Materialien im Originalzustand anschauen, anfassen und befühlen zu können – und wenn nötig bekommen Sie bestimmt auch eine Beratung dazu. Und wenn es um die Beschaffung von Hopfen geht, gibt es vielleicht eine Brauerei, die Ihnen eine Handvoll Dolden abgibt. Für Raps- und Leinsamen könnten Sie bei einer Ölmühle nachfragen und für Dinkel- oder Hirsespelz bei einem Müller. Gibt es solche Betriebe noch in Ihrer Gegend, können Sie sich glücklich schätzen!

Wenn ich es recht bedenke, haben wir jetzt gemeinsam über alles nachgedacht, was nötig ist, um ein schönes, sicheres und »Sinn-volles« Fühlobjekt zu gestalten.

Dann schlage ich vor, wir fangen an!

Romer, Marion (2007): **Aromatherapie**. Lexikon der heilsamen Düfte. Stuttgart: S. Hirzel Verlag

Marion Romer ist Apothekerin, Aromatherapeutin und Lehrkraft an der PTA-Anstalt in Bonn. In ihrem Buch beschreibt sie die Grundlagen der Aromatherapie und stellt in über 70 Porträts die jeweilige Herkunft, Verwendung und Wirkungsweise der Pflanzen vor und macht auch auf mögliche Nebenwirkungen aufmerksam. Für alle, die sich intensiver mit dem Thema auseinandersetzen möchten, ein lehrreiches informatives Buch.

Anleitungen

3

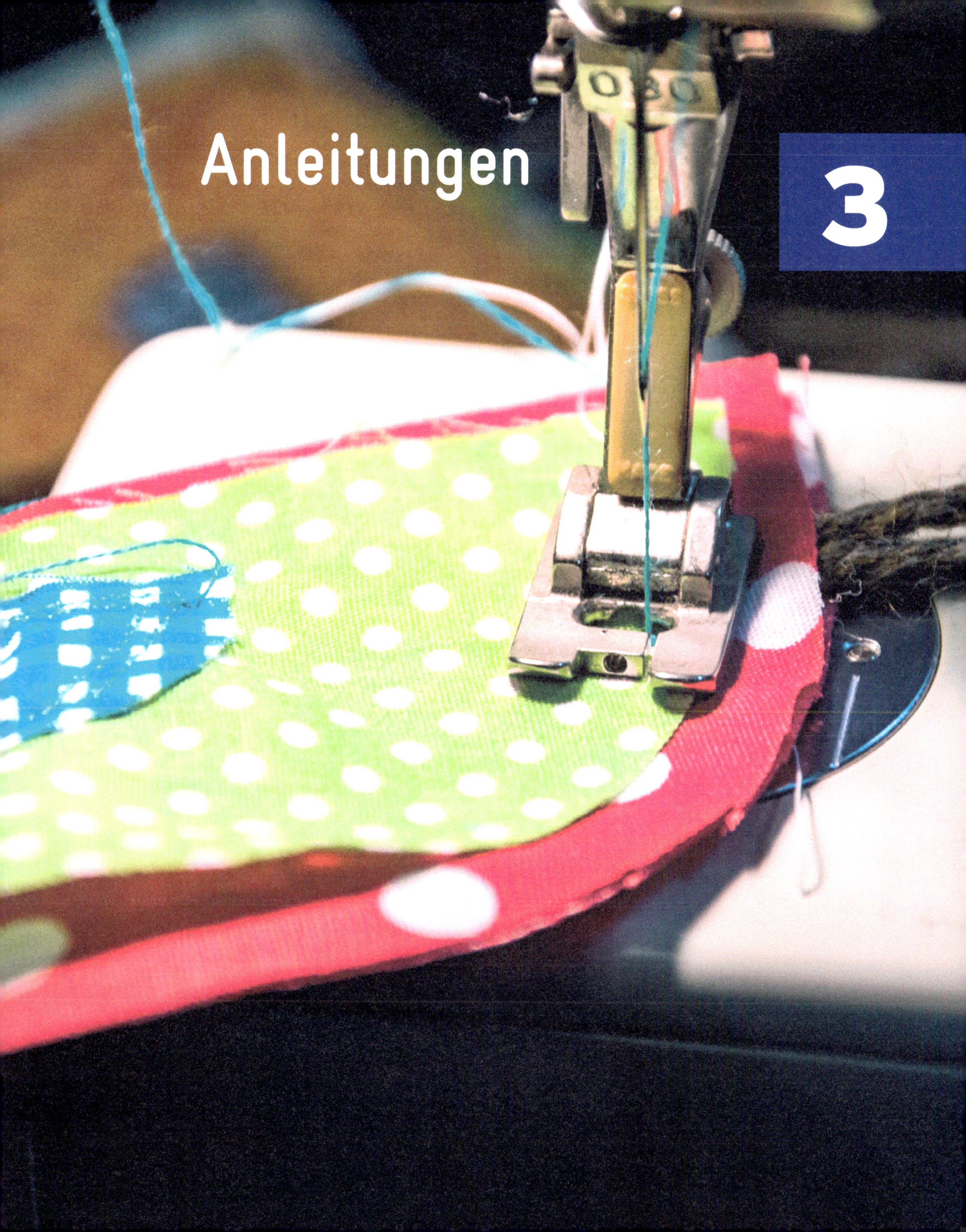

3.1 Fühltaschen

Fertige Größe (ohne Henkel):
20 cm breit x 16 cm hoch x 8 cm tief

Schwierigkeitsgrad: leicht

Materialliste für eine Tasche mit Taschenboden

- 2 x Taschenstoff nach Belieben 30 cm x 21 cm
- 2 x Stoffstreifen für Henkel 30 cm x 3 cm
- 1 x Schrägband für die Randeinfassung 60 cm (Breite nach Wunsch)
- 1 x Einlage für Taschenboden aus Pappe oder Nadelfilz für bessere Standfestigkeit 19,5 cm x 7,5 cm

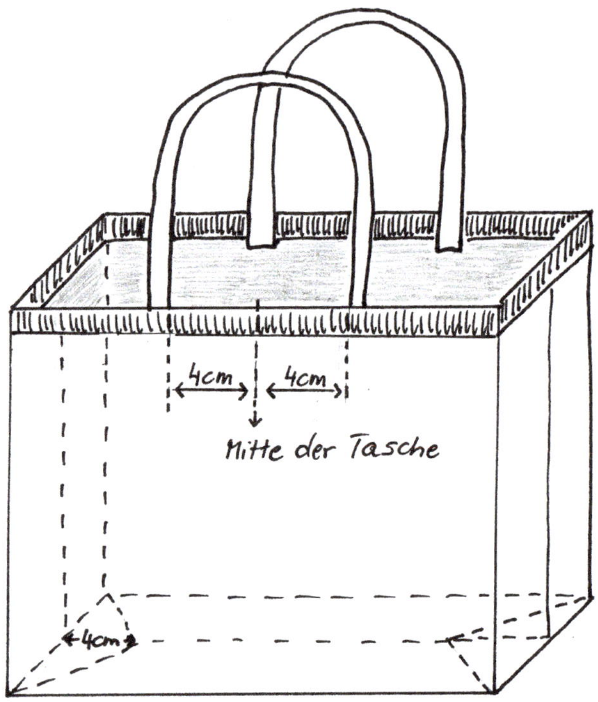

Abb. 3.1-1 Skizze Fühltasche mit Taschenboden

Besonderheit:

- handliche Stofftasche im auffälligen Design zur Verwendung mit thematischer Fühlschnur
- weckt Neugierde und Interesse bei Bewohnern
- ermöglicht einen einfachen Gesprächsbeginn
- Gesprächsthema kann durch Auswahl der Fühlschnur gelenkt werden
- regt das Gespräch unter den Senioren an

geeignet für:

- Senioren, die zu einem kurzen Gespräch »im Vorbeigehen« bereit sind
- Menschen mit Hörbehinderung
- Menschen mit Demenz
- Bettlägerige

spezifischer Nutzen für Bewohner:

- die Initiative zur Kontaktaufnahme liegt beim Bewohner
- der alte Mensch kann selbst entscheiden, ob und wie viel Persönliches er von sich erzählen möchte
- regt das Gespräch unter Bewohnern in der Kleingruppe an

spezifischer Nutzen für Betreuungsperson:

- die Tasche ist sofort griffbereit und kann überall mit hingenommen werden
- Gesprächsimpuls geht vom Bewohner aus
- neutrales Gesprächsthema zum Einstieg in die Konversation
- unkompliziertes Instrument zur Erinnerungsarbeit
- einfache Möglichkeit, um auszuprobieren, ob einem diese Art der Kontaktaufnahme und Gesprächsführung liegt

Empfehlung für die Vorgehensweise:

- Ungefähr fünf thematisch zusammenpassende kleine Dinge werden an eine ca. 50 cm lange Schnur geknüpft (vgl.: Kiefer und Rudert 2009).
- Lieber zwei kurze Fühlschnüre in die Tasche legen als eine lange.
- In die Schnur können auch schmale Bänder oder Holzperlen eingeflochten werden.
- Stets auf stabile Befestigung der Kleinteile achten.

Beispiele für Fühlschnüre, Details aus Abb. 3.1-2 Fühltasche Garten (oben) und Abb. 3.1-3 Fühltasche Geburtstag (unten)

Durchführung:

1. Materialien vorbereiten

a) Stoffe nach Angaben zuschneiden.
b) Aus den Stoffstreifen für die Henkel ein Geradband fertigen. Dafür den Streifen der Länge nach links auf links in der Mitte einmal zusammenfalten, die Falte bügeln. Wieder aufklappen und die Kanten parallel zur Mittelfalz 0,5 cm nach innen umschlagen. Bügeln, das Band zusammenfalten und an den offenen Seiten knappkantig absteppen.

2. Tasche nähen

a) Taschenstoff rundherum einketteln.
b) Den Taschenstoff rechts auf rechts aufeinanderlegen. Feststecken. Seiten und Boden mit Geradstich füßchenbreit absteppen. Nahtzugaben auseinanderbügeln, Tasche mit Bodenseite aufstellen.
c) Seitennaht rechts auf rechts auf die Bodennaht legen, feststecken und mit einem Geodreieck oder Rollschneiderlineal von der Spitze aus 4 cm abmessen (so erhalten Sie später eine Bodentiefe von 8 cm), die Linie genau aufzeichnen, die Ecke entlang der Markierung absteppen. Spitze ausbügeln, zur Bodenseite hin umknicken und feststeppen (siehe Skizze).
d) Um die Henkel anzubringen, die Mitte der Tasche markieren, die losen Enden der Henkel mit je 4 cm Abstand zur Markierung an der Stoffkante feststecken (die Rundung des Henkels zeigt in Richtung Taschenboden).
e) Die Stoffkante einschließlich der Henkelenden mit Schrägband einfassen.
f) Henkel nach oben klappen, mit wenigen Stichen am oberen Rand knappkantig absteppen.
g) Wer es noch ganz schön machen möchte, bügelt von den vier Ecken des Taschenbodens aus senkrecht zur Taschenöffnung jeweils eine Falte und steppt diese schmal ab. So bleibt die Tasche gut in Form.

Beispiele für Fühltaschen:

Abb. 3.1-2 Fühltasche Garten

Tasche mit aufgenähtem Filzband und Holzblume am Henkel Zusatzmaterial: verschiedene Samentütchen

Abb. 3.1-3 Fühltasche Geburtstag

In die Stoffbonbons passen echte Bonbons hinein – eine leckere Überraschung! Zusatzmaterial: zwei Spieluhren mit den Melodien »So ein Tag, so wunderschön wie heute« und »Trink, trink, Brüderlein trink« auf einem Holzstück (Resonanzkörper)

Abb. 3.1-4 Fühltasche Musik

Zusatzmaterial: handliche Instrumente, die gern ausprobiert werden

Abb. 3.1-5 Fühltasche Schmuck

Der Glitzerstoff und die goldene Kette, dazu der übergroße Facettenknopf (und ein roter Samt als Taschenfutter) wirken feierlich.
Zusatzmaterial: Schmuckschachtel und Stoffetuis mit Modeschmuck-Ketten

Abb. 3.1-6 Fühltasche Kirche

Die Applikation auf der Taschenvorderseite ist ein Blickfang.
Zusatzmaterial: Gesangbuch, Gebetsheft, Bibel

Abb. 3.1-7 Fühltasche Bad

Die Pompadour-Tasche macht durch ein außergewöhnliches Format aufmerksam (Adresse für Gratis-Anleitung im Anhang). Erfrischungstücher mit bekannten Düften werden übrigens von den Damen stets sehr gern genutzt und der Blick in den Spiegel ist immer interessant!

Abb. 3.1-8 Fühltasche Schreiben

Zusatzmaterial: Alte Schreibutensilien geben Rätsel auf – oder wecken sofort Erinnerungen an Kinder- und Jugendtage, hier: Linierrädchen und Schreibgriffel, dazu Spruchkarten und Einkaufszettel

3.2 Die Duo-Decke – Schritt für Schritt

Fertige Größe: 50 cm x 50 cm

Schwierigkeitsgrad: leicht

Materialliste

Innenseite:

- 2 x Stoff (16,5 cm x 16,5 cm) braun gestreift (= A/a)
- 1 x Stoff (16,5 cm x 16,5 cm) grau-braun gepunktet (= B)
- 1 x Stoff (16,5 cm x 16,5 cm) rosa gepunktet (= C)
- 1 x Stoff (16,5 cm x 16,5 cm) Fischmuster (= D)
- 1 x Stoff (16,5 cm x 16,5 cm) Sonnenbild (= E)
- 1 x Stoff (16,5 cm x 16,5 cm) Pfau (= F)
- 1 x Stoff (16,5 cm x 16,5 cm) Kurzflor Fellimitat braun (= G)
- 1 x Stoff (16,5 cm x 16,5 cm) braun kariert (= H)
- 1 x Stoff (16,5 cm x 16,5 cm) grün mit Blattmuster (= J)
- 1 x Stoff (16,5 cm x 14 cm) grün mit Blattmuster (= j)
- 1 x Volumenvlies (53 cm x 53 cm), z. B. Vlieseline 280
- 1 x Zierborte 18 cm beige (für a)
- 1 x Zierborte Spitze 16,5 cm beige (für G)
- 1 x Zierborte Schafe 16,5 cm (für j)
- 1 x Stoff für Geradband (3 cm x 16,5 cm) grau gepunktet (für B)
- 1 x Stoff für Geradband-Schlaufe (3 cm x 12 cm) in rosa (für F)
- 1 x Stoff für Geradband-Schlaufe (3 cm x 12 cm) in braun (für G)
- 2 x Stoff für Einfassung (4,5 cm x 47 cm) blau-bunt gestreift (= K)
- 2 x Stoff für Einfassung (4,5 cm x 53 cm) blau-bunt gestreift (= L)
- 2 x Gardinenring weiß 1,5 cm Durchmesser (für B und H)
- 1 x Gardinenring messing 2 cm Durchmesser (für D)

Verwendete Accessoires:

- 7 x Zierknöpfe in verschiedenen Größen und Farben
- 1 x Schlüsselanhänger Fisch
- 1 x Badeschwamm
- 1 x USB-Stick (versteckt in der Mini-Tasche)
- 1 x Mini-Tasche rosa in Scheckkartengröße (Solche Taschen können Sie entsprechend der Nähanleitung 9 für das Etui der XXL-Knöpfserviette selbst nähen.)
- 1 x Mini-Weidenkorb
- 1 x Fühlschnur aus Lederband mit 2 Knebelknöpfen, 2 Zierknöpfen und 1 Nähspule
- 1 x Kamm
- 2 x Radiergummi »Flip-Flop« in rosa

Außenseite:

- 1 x Volumenvlies (53 cm x 53 cm), z. B. Vlieseline 280
- 1 x Sonnenbild (21 cm x 21 cm) (= M)
- 2 x Streifen (5 cm x 21 cm) aus Dekostoff silber (= N)
- 2 x Streifen (5 cm x 28 cm) aus Dekostoff silber (= O)
- 2 x Streifen (7 cm x 27 cm) Hemdenstoff, kariert (= P)
- 2 x Streifen (7 cm x 38 cm) Hemdenstoff, kariert (= R)
- 2 x Streifen (9 cm x 38 cm) Stoff Notenmuster (= S)
- 2 x Streifen (9 cm x 52 cm) Stoff Notenmuster (= T)
- 3 x Stoff für Geradband-Schlaufen (3 cm x 12 cm) Notenmuster (= V)
- 3 x Holzdübel 6 mm
- 50 cm (Rund-)Holzleiste 12 mm Durchmesser + Schnur zum Aufhängen

oder, für die schlichte Ausführung ohne Wandbildfunktion:

- *1 x Rückseitenstoff (52 cm x 52 cm)*
- *1 x Volumenvlies (53 cm x 53 cm), z. B. Vlieseline 280*

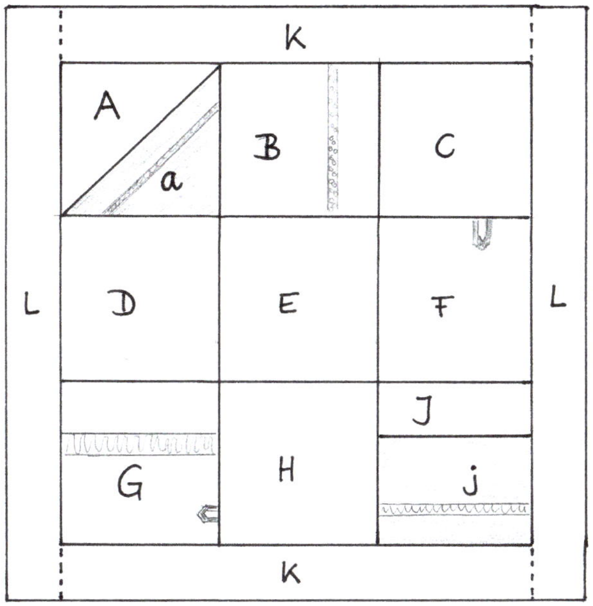

Abb. 3.2-1 Skizze Duo-Decke innen

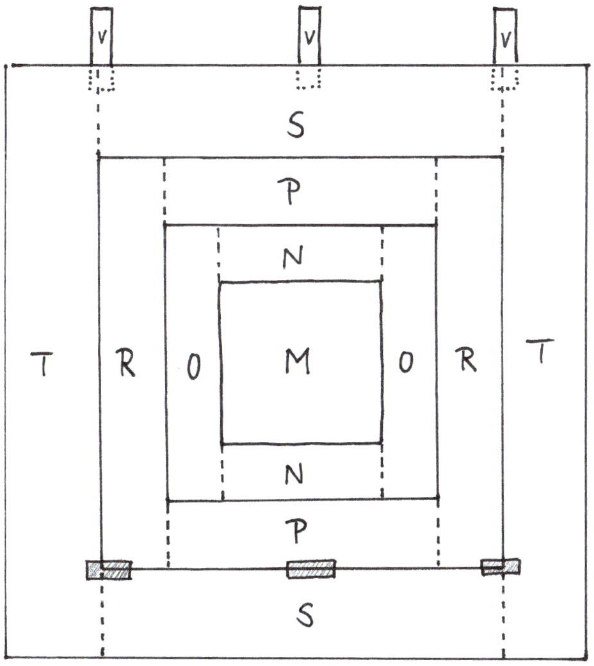

Abb. 3.2-2 Skizze Duo-Decke außen

Besonderheit:
- klassische Fühldecke für den Einstieg
- einfach zu nähen, nur mit Geradstich und Zickzackstich
- doppelt nutzbar: als Wandbild und Fühldecke

geeignet für:
- Menschen mit Demenz
- Menschen mit Sehbehinderung
- Bettlägerige

spezifischer Nutzen für Bewohner:
- kleinformatige, handliche Fühldecke, die überall genutzt werden kann
- schön als dekoratives Wandbild, wenn die helle Seite mit dem zentralen Sonnenbild sichtbar ist
- interessant als Fühlwandbild, wenn die ausgestaltete bunte Seite sichtbar ist

spezifischer Nutzen für Betreuungsperson:
- ein Fühlobjekt, zwei Nutzungsmöglichkeiten
- praktische Aufbewahrung: platzsparend zusammengeklappt oder an die Wand gehängt

Empfehlung für die Vorgehensweise:

- Nähen Sie erst das Top aus den neun Stoffquadraten in Patchwork-Technik zusammen.
- Danach fertigen Sie mit der gleichen Technik die Rückseite als Wandbild.
- Erst wenn beide Teile fertig gestellt sind, schneiden Sie die benötigten Volumenvliese zu.
- Falls Sie (noch) keine Sonnenbilder haben, können Sie stattdessen auch interessant gemusterte Deko-Stoffe verwenden.
- Möchten Sie für den Anfang auf die Wandbildfunktion mit zentralem Sonnenbild und Aufhängeschlaufen verzichten, überspringen Sie Arbeitsschritt 3 und fertigen stattdessen eine schlichte Rückseite.

Durchführung:

1. Materialien vorbereiten

a) Alle Stoffe, die Sie für die Vorder- und Rückseite der Decke ausgewählt haben, so lange zurechtlegen, bis Sie mit der Zusammenstellung zufrieden sind.

Abb. 3.2-3 Auswahl Stoffe

b) Vor dem Zuschneiden die ausgewählten Stoffe bei Bedarf glattbügeln. Aus Pappkarton eine Schablone für die Stoffquadrate (16,5 cm x 16,5 cm) fertigen und alle Stoffe nacheinander anzeichnen. Die Webkante grundsätzlich nicht verwenden. Quadrate entlang der Kreidelinien exakt ausschneiden.

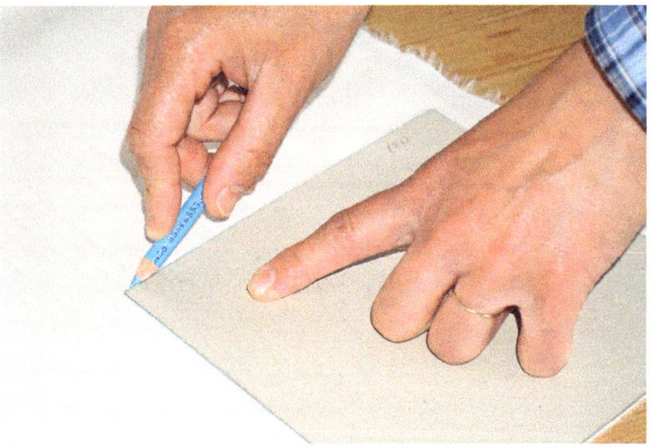

Abb. 3.2-4 Stoff anzeichnen

c) Probeweise nochmals alle Stoffquadrate auslegen. Experimentieren Sie mit dem vorgesehenen Zubehör (Bänder, Borten, Knöpfe, Fühlobjekte etc.).

d) Wenn Sie zufrieden sind, machen Sie ein (Handy-)Foto als Gedankenstütze oder notieren Sie sich die Anordnung genau auf einer Skizze.

Abb. 3.2-5 Zubehör probelegen

2. Einzelteile fertigen und Innenteil zusammensetzen

a) Für das Quadrat G von einer Kante 9 cm nach innen messen und Spitzenborte anlegen. Feststecken und mit Geradstich schmalkantig absteppen. Rundherum einketteln.

Abb. 3.2-6 Quadrat G

b) Für die Tasche von Feld A eines der Quadrate links auf links zu einem Dreieck zusammenfalten. Kante bügeln. Nach Wunsch mit Zierstich versehen und Zierborte mit 3 cm Abstand zur gebügelten Kante festnähen. Passgenau auf das zweite Quadrat A legen, feststecken und entlang der aufeinanderliegenden Kanten mit Zickzackstich einketteln.

Abb. 3.2-7 Quadrat A

c) Für die Tasche von Quadrat J die Zierborte »Schäfchen« mit 4 cm Abstand zur unteren Kante festnähen. Doppelten Saum fertigen, dafür die obere Kante 3 cm nach innen umbügeln, Stoff aufklappen und die Stoffkante an der Bügelfalte anlegen. Ebenfalls nach innen umbügeln. Feststeppen.

Abb. 3.2-8 Zierborte J feststeppen

d) Aus den vorgesehenen Stoffstreifen Geradband für die Schlaufen herstellen (für die Quadrate B, F und G. Ebenso für die drei Aufhänger V aus Notenstoff, wenn die Decke als Wandbild genutzt werden soll.). Streifen der Länge nach links auf links mittig falten und bügeln. Aufklappen. Die Kanten parallel zur Bügelfalte anlegen und ebenfalls bügeln. Offene Seiten aufeinanderlegen und schmalkantig absteppen. Schlaufe legen: Band in der Mitte knicken, die Bandenden nach hinten wegklappen. Spitze ausbügeln.

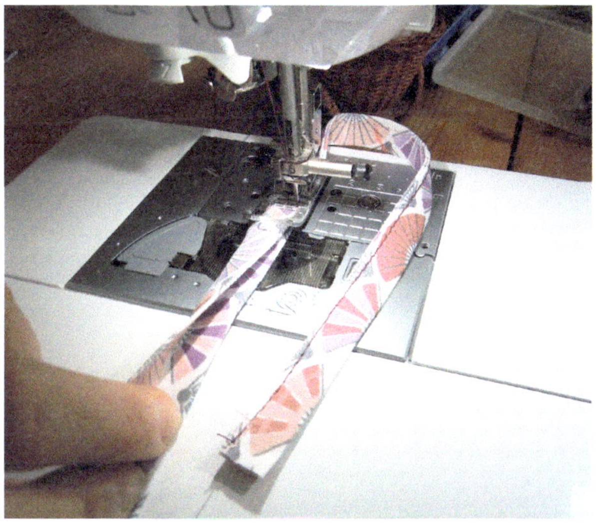

Abb. 3.2-9 Schlaufen anfertigen

e) Schlaufen mit Klammern an die gewünschte Position bringen (Genügend Abstand für die Nahtzugabe frei lassen!). Mit wenigen Stichen schmalkantig festnähen. Überstehende Bandenden einkürzen. Für das Quadrat B erst einen weißen Gardinenring auf das Band auffädeln, dann die Bandenden oben und unten mit wenigen Stichen am Unterstoff befestigen.

f) Je drei Quadrate zu einem Streifen zusammensetzen. Vergewissern Sie sich nochmals anhand des Fotos oder der Skizze, wie die Quadrate angeordnet sein sollen. Nähen Sie nun die Quadrate A, D und G zusammen. Danach B, E und H. Zuletzt C, F und J. Nahtzugaben gut ausbügeln.

Abb. 3.2-10 drei Quadrate, ein Streifen

g) Nun die drei Streifen nacheinander zu einem großen Quadrat zusammensetzen. Die Nähte exakt aufeinanderlegen und füßchenbreit absteppen.

Abb. 3.2-11 Nähte exakt aufeinanderlegen

h) Nahtzugaben gründlich ausbügeln. Rosa Stofftäschchen auf Quadrat C festnähen.

Abb. 3.2-12 Rückwärtige Nahtzugaben

i) Bei Bedarf die Ränder begradigen. Dafür mit dem Lineal Überstehendes abmessen, anzeichnen und mit Schere oder Rollschneider die Kanten begradigen.

Abb. 3.2-13 Stoffkanten begradigen

j) Einfassungsstreifen K oben und unten rechts auf rechts genau an den Kanten aufeinanderlegen, feststeppen. Nahtzugaben bügeln. Zuletzt die Einfassungsstreifen L in gleicher Weise rechts und links annähen.

k) Fertiges Innenteil auf das Volumenvlies legen und dieses großzügig zuschneiden.

Abb. 3.2-14 Vlies zuschneiden

l) Stoff und Vlies gründlich mit Quiltnadeln zusammenheften.

Abb. 3.2-15 Stoff und Vlies zusammenheften

m) Im Nahtschatten aller Nähte, das heißt genau im Zwischenraum der aneinander liegenden Stoffteile, das Vlies mit dem Stoff zusammennähen.
(Falls Sie nur eine einfache Fühldecke herstellen und einen dicken Rückseitenstoff gewählt haben, können Sie die Decke erst komplett fertigstellen und ganz zum Schluss die Stofflagen durch das Nähen im Nahtschatten miteinander verbinden.)

Abb. 3.2-16 im Nahtschatten nähen

3. Rückseite als Wandbild fertigen

a) An die Ober- und Unterseite von Sonnenbild M die Silberstreifen N rechts auf rechts an den Kanten genau ausrichten und füßchenbreit annähen.
Nahtzugaben ausbügeln. Stoffstreifen O rechts und links ansetzen, feststeppen und Nahtzugaben bügeln. Kanten begradigen.

Abb. 3.2-17 Mitte Wandbild anfertigen

b) In gleicher Weise mit den karierten Streifen und dem Notenstoff fortfahren (bei Karo auf das Muster achten!).

Abb. 3.2-18 Karostreifen ansetzen

c) Rückseitenstoff begradigen. Aufhängeschlaufen V aus Notenstoff mittig knicken und mit den offenen Seiten gleichmäßig an der Oberkante mit Quiltnadeln feststecken. Setzen Sie eine Schlaufe in die Mitte und je eine in die Fortführung der äußersten Naht. Schlaufen mit wenigen Stichen an ihrer Position sichern.

Abb. 3.2-19 Aufhängeschlaufen

4. Fühldecke fertig stellen

a) Rückseitenstoff wie in den Schritten 2.k bis 2.m beschrieben mit dem Volumenvlies zusammennähen.

b) Vorderseite und Rückseite rechts auf rechts exakt aufeinanderlegen, die genaue Ausrichtung kontrollieren und bei Bedarf nochmals begradigen. Stofflagen gründlich feststecken.

Abb. 3.2-20 Stofflagen ausrichten

c) Wendeöffnung an der Unterseite der Decke (15 cm breit) markieren. Stofflagen gründlich feststecken, füßchenbreit absteppen und einketteln, dabei Wendeöffnung frei lassen.

Abb. 3.2-21 Wendeöffnung frei lassen

d) Decke wenden. Ecken mithilfe einer stabilen Nadel oder des Trennmesserchens vorsichtig herausziehen.

e) Kanten der Wendeöffnung nach innen umschlagen, mit Nadeln verschließen

Abb. 3.2-22 Wendeöffnung mit Nadeln verschließen

f) Die Stofflagen am Rand mit Klammern vor Verrutschen sichern. Erst die Wendeöffnung knappkantig absteppen, dann im Nahtschatten zwischen Randeinfassung und Top die Decke rundherum zusammennähen.

g) In die Holzdübel je zwei kleine Löcher bohren (Statt der Holzdübel können Sie beispielsweise auch Knebelknöpfe verwenden). Decke nach innen zusammenfalten. Position der Schlaufen im Nahtschatten der äußersten Naht auf der Unterseite des Rückseitenstoffes markieren. Holzdübel »unsichtbar« festnähen, das heißt mit der Nadel nicht bis zur Vorderseite durchstechen.

h) Zuletzt von Hand alle verbleibenden Zierknöpfe und Ringe auf der Innenseite der Decke ebenfalls unsichtbar festnähen, Accessoires befestigen.

i) Für die Wandaufhängung an einer Seite der (Rund-)Holzleiste eine Schnur befestigen, durch die Schlaufen der Decke ziehen, dann am anderen Ende der Leiste die Schnur ebenfalls mit einem leicht zu öffnenden Knoten fixieren.

Gratulation, Ihre erste Fühldecke ist fertig! Ich wünsche Ihnen ganz viel Freude damit!

Abb. 3.2-23 Rand festklammern

Abb. 3.2-24 Duo-Decke Rückseite

3.3 Die Fühlrolle

Fertige Größe: 56 cm breit, 14 cm Durchmesser

Schwierigkeitsgrad: mittel

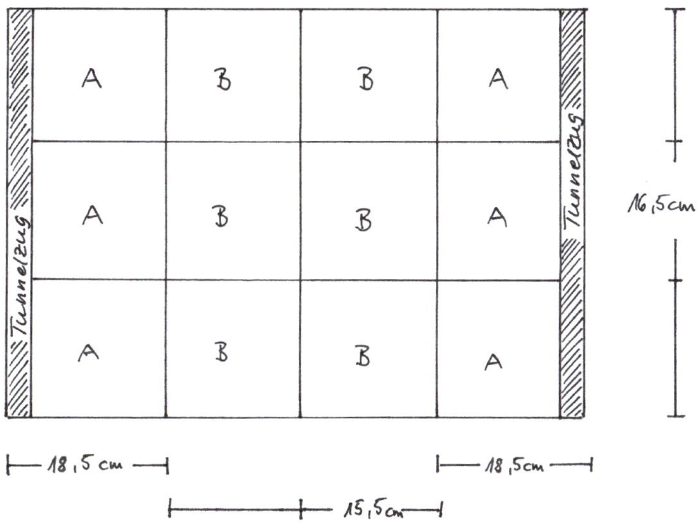

Abb. 3.3-1 Skizze Fühlrolle Schema

Materialliste

Für die Füllung:

- 1 x Nackenrolle 43 cm breit x 13 cm Durchmesser bzw. 44 cm Umfang

Für das Top:

- 6 x Stoff nach Belieben 16,5 cm x 18,5 cm (= A äußere Felder inkl. Tunnelzug)
- sollen Taschen gearbeitet werden, zusätzlich entsprechend Oberstoffe dazurechnen
- 6 x Stoff nach Belieben 16,5 x 15,5 cm (= B innere Felder)
- sollen Taschen gearbeitet werden, zusätzlich entsprechend Oberstoffe dazurechnen
- Schrägbänder für Taschenabschlüsse (pro Stück je nach Ausführung ca. 16 bis 23 cm)
- Nahtband oder schmales Schrägband für Anhängeschlaufen (pro Stück ca. 8 cm)

Für den Tragegurt und die Halterung:

- 1 x Stoff 115 cm x 10 cm (die Länge richtet sich nach den örtlichen Gegebenheiten, zum Beispiel nach der Größe der Tischplatte, unter welcher der Gurt durchgeführt werden soll, oder nach Größe und Umfang des Bewohners)
- 2 x Zierknöpfe mit Öse
- 4 x Kreis mit 10 cm Durchmesser aus Formfilz oder aus festem Nadelfilz (dafür brauchen Sie ein Stück in der Größe von 43 cm x 11 cm)

oder:

- 4 x Kreis mit 10 cm Durchmesser aus Schabrackenvlies (dafür brauchen Sie ein Stück in der Größe von 43 cm x 11 cm) und
- 4 x Kreis mit 10 cm Durchmesser Jeansstoff – oder ähnlich festem Stoff (dafür brauchen Sie ein Stück in der Größe von 43 cm x 11 cm)

- 2 x Gummilitze schmal zu je 30 cm (für einen verknoteten Verschluss mit einer Kordel rechnen Sie mindestens 45 cm, mit Knoten + Schleife ca. 60 cm pro Seite)

Besonderheit:
- viele versteckte Taschen bieten großes Entdeckungspotenzial
- durch die runde Form ist immer nur ein kleiner Ausschnitt sichtbar, das beugt Reizüberflutung vor und hält das Interesse lange wach
- der lange Trageriemen ermöglicht, die Fühlrolle an vielen Örtlichkeiten flexibel zu befestigen, ohne dass die Funktionalität verloren geht
- der abnehmbare Tragriemen ist an den innenliegenden tellerförmigen Halterungen befestigt, deshalb dreht sich die Rolle, ohne dass sich der Gurt verheddert
- durch den Gurt kann die Rolle auch wie eine Tasche über der Schulter getragen werden

geeignet für:
- Menschen, die viel Zeit im Rollstuhl oder im Bett verbringen
- Menschen mit Demenz zur Nutzung am Tisch, im Bett oder auf der Couch
- Menschen mit Demenz, die viel unterwegs sind, zum Umhängen und Mitnehmen
- Menschen mit Demenz zur Beschäftigung während einer längeren Autofahrt

spezifischer Nutzen für Bewohner:
- leichtes Fühlobjekt, das nach Wunsch auch körpernah genutzt werden kann (zum Ankuscheln)

spezifischer Nutzen für Betreuungsperson:
- platzsparendes und vielseitig einsetzbares Fühlobjekt

Empfehlung für die Vorgehensweise:

- Statt einer handelsüblichen Nackenrolle können Sie nach eigenen Wünschen eine Rolle mit Dinkelspelzfüllung nähen und diese verwenden. In jedem Fall die Maße überprüfen und gegebenenfalls anpassen.
- Nähen Sie erst alle Taschen, Anhängeschlaufen und Zierborten auf die vorgesehenen Quadrate. Setzen Sie danach das Top zu einem Ganzen zusammen.
- Wenn Sie eine Rolle mit Dinkelspelzfüllung verwenden, empfehle ich statt der Gummilitze mindestens auf einer Seite eine Kordel zu verwenden. Das Beziehen der Rolle wird dadurch erheblich erleichtert.

Durchführung:

1. Materialien vorbereiten

Schablonen aus Pappe für die Stoffquadrate und für die Gurthalterung herstellen. Genaue Skizze zeichnen, markieren, wo Taschen vorgesehen sind, wie sie aussehen und in welche Richtung die Öffnungen zeigen, wo Aufhänger platziert werden sollen. Weitere Besonderheiten, wie beispielsweise Knopfleisten, einzeichnen. Stoffe entsprechend der Skizze zuschneiden. Auf dem Tisch probeweise auslegen. Ein Foto als Gedächtnisstütze aufnehmen.

2. Taschen fertigen

a) Der Reihe nach die dafür vorgesehenen Stoffquadrate zu Taschen zusammenfügen. Dabei jeweils erst die obere Stofflage fertigen, also die Öffnung entweder mit einem Ziersaum versehen oder mit schmalem Schrägband einfassen. Die Stoffe mit den schönen Seiten nach oben aufeinander legen, so wie sie später zu sehen sein sollen. Nahtzugabe (0,75 cm) an der offenen Taschenseite berücksichtigen. Wenn alles passt, Quadrate schmal absteppen und Ränder einketteln.

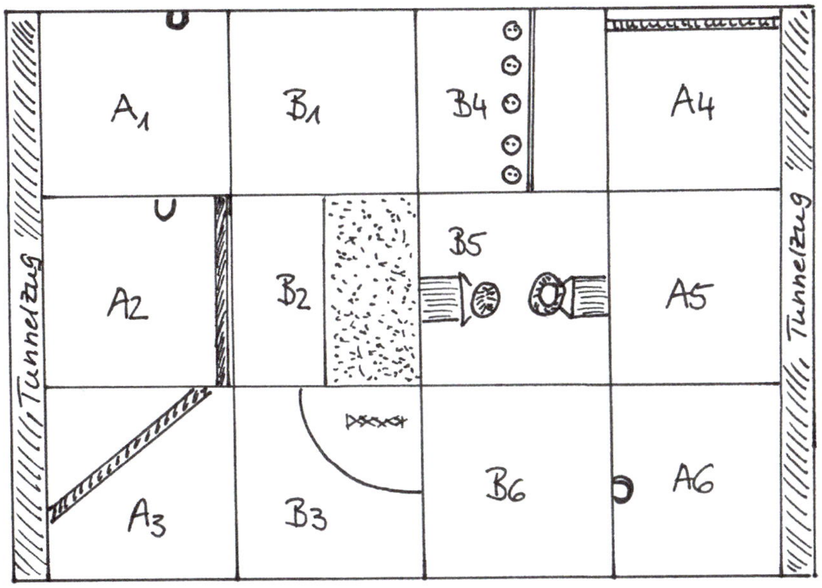

A1 = Stoff rot-gelb kariert mit Schlaufe
A2 = Tasche aus grünem Trachtenstoff mit Schrägbandeifassung und Schlaufe
A3 = Tasche aus Blümchenstoff mit Schrägbandeinfassung
A4 = Tasche mit Apfelmuster und Schrägbandeinfassung
A5 = Stoff gelb-weiß kariert
A6 = Stoff grün-braun kariert mit Schlaufe

B1 = Teddy-Stoff
B2 = Frottee mit halber Tasche
B3 = Tasche Jeanshose
B4 = Leinenstoff mit Knopfleiste
B5 = Arbeitskittel-Stoff mit Gürtelschnalle
B6 = Fellimitat schwarz-weiß

Abb. 3.3-2 Skizze Fühlrolle ausgestaltet

b) In gleicher Weise mit allen Taschen vorgehen. Felder mit Besonderheiten, wie zum Beispiel Knopfleisten oder Gürtelschnallen, ebenfalls vorab fertigstellen.

3. Top zusammenstellen

a) Stoffquadrate nun zu Reihen zusammensetzen. Dabei spielt es keine Rolle, ob Sie vertikal oder horizontal vorgehen. Nähte auf der Rückseite ausbügeln.
b) Die Reihen nun nacheinander zu einem großen Top zusammennähen. Am schönsten sieht es aus, wenn die Nähte genau aufeinanderstoßen. Top gegebenenfalls begradigen. Wieder ausbügeln. Rundherum einketteln.

4. Tunnelzug fertigen

a) Top mit der linken Seite nach oben auf den Tisch legen. An einer Schmalseite 4 cm abmessen, nach innen umklappen, bügeln. Wieder aufklappen, jetzt schmalen Umschlag von nur 2 cm nach innen umbügeln. Jetzt haben Sie zwei parallele Bügelfalten, die nach innen zeigen.
b) Genauso an der anderen Schmalseite des Tops vorgehen.
c) Nun das Top mit den Breitseiten rechts auf rechts aufeinanderlegen, wieder darauf achten, dass die Nähte der Quadrate aufeinanderstoßen. Feststecken.
Vom Rand die ersten 2 cm absteppen, Nahtende gut sichern. Knapp vor der zweiten Bügelfalte (also bei 4 cm) neue Naht ansetzen, ebenfalls den Nahtanfang sichern und bis knapp über die Bügelfalte der unteren Seite absteppen, Faden vernähen. 2 cm Abstand lassen, neue Naht ansetzen und bis zum Ende absteppen. Naht ausbügeln.
d) Doppelten Saum einklappen, schmal absteppen. Wenden.
e) Top über die Nackenrolle ziehen.
f) Gummilitze bzw. Kordel an einem Ende mit einer Sicherheitsnadel auffädeln und durch den Tunnelzug fädeln. Festzurren (daran denken, dass man später die Roller wieder herausholen können sollte) und verknoten. Knoten im Tunnelzug verschwinden lassen. Haben Sie eine schöne Kordel, können Sie auch eine Schleife binden und diese als zusätzliches Gestaltungselement betrachten (eine Schleife zu binden erfordert hohe Fingerfertigkeit).

5. Tragegurt und Halterung fertigen

a) Das lange Stoffband rundherum an allen Seiten jeweils 1 cm nach innen umbügeln.
b) Das Band der Länge nach links auf links mit den Bügelfalten aufeinanderlegen und entlang dem Umbruch ausbügeln. Erst die lange Seite mit einer schmalen Naht verschließen, dann die beiden Schmalseiten.
c) Knopflöcher entsprechend der Zierknöpfe an beiden Enden anfertigen.
d) Entweder je zwei Lagen Formfilz aufeinanderlegen und zusammennähen
oder Schabrackenvlies nach Herstellerangaben auf Jeansstoff aufbügeln, je zwei Jeanskreise links auf links aufeinanderlegen, festnähen und einketteln. Bei jedem Kreis die Mitte markieren, Knopf annähen.

Abb. 3.3-3 Fühlrolle Befestigung Gurt

6. Rolle fertigstellen

a) Gurt einknöpfen und Halterung an den offenen Seiten unter das Top schieben.
b) Accessoires anbringen.

Abb. 3.3-4 Fühlrolle Seite

3.4 Das Wandbild in rot

Fertige Größe (mit Schlaufen):
135 cm breit x 34 cm hoch

Schwierigkeitsgrad: einfach

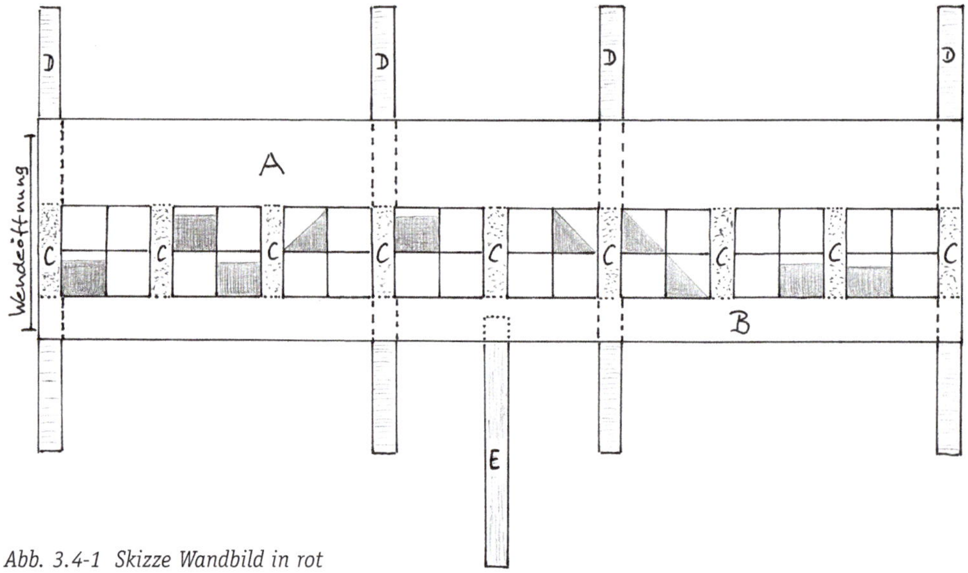

Abb. 3.4-1 Skizze Wandbild in rot

Materialliste

- 1 x Rückseitenstoff rot gemustert 26 cm x 137 cm
- 1 x Verstärkungsvlies zum Aufbügeln (z. B. Vlieseline H250) 26 cm x 137 cm
- 1 x Volumenvlies 26 cm x 137 cm
- 1 x Vorderseitenstoff rot 9 cm x 137 cm (= A)
- 1 x Vorderseitenstoff rot 4,5 cm x 137 cm (= B)
- 9 x Vorderseitenstoff rot 4 cm x 15,5 cm (= C)
- 4 x Schlaufenband aus Vorderseitenstoff 9 cm x 45 cm (= D)
- 1 x Schlaufenband aus Vorderseitenstoff 9 cm x 40 cm (= E)

- 32 Stoffquadrate 8,5 cm x 8,5 cm aus acht farblich zusammenpassenden Stoffen plus für jede zu arbeitende Tasche ein Quadrat mehr! → im Musterbeispiel sind es zusätzlich 10 Quadrate (siehe Skizze)

- Schrägbandformer breit 50 mm
- 4 x Taschenringe halbrund 3 cm
- 4 x Holz-Gardinenringe 6 cm Durchmesser
- 2 x Glasröhrchen von Vanillestangen mit Deckel
- 4 x Gardinenringe weiß Kunststoff 1,5 cm Durchmesser
- 1 x Reagenzglas (= Minivase) 16 cm x 1,4 cm Durchmesser
- 1 x Gardinenring passend zum Reagenzglas schwarz Metall 2 cm Durchmesser
- 1 x Rundstab 140 cm, Durchmesser 10 mm, besser 12 mm
- 2 x Schraubhaken und entsprechend geeignete Befestigung für die Wand

- Weitere Zierknöpfe, Ketten, Schlüsselanhänger etc. nach Belieben

Besonderheit:
- Wandbild, das im Vorbeigehen vielseitige Sinneseindrücke wecken kann
- mit hohem Aufforderungscharakter
- Accessoires lassen sich schnell und einfach austauschen
- mit Mini-Vase für Frischblumen
- wird an der Wand befestigt

geeignet für:
- mobile Bewohner
- Menschen mit Demenz
- Menschen mit Sehbehinderung

spezifischer Nutzen für Bewohner:
- macht neugierig und motiviert aufzustehen und hinzulaufen
- je nachdem wie das Wandbild bestückt wird, gibt es etwas zum Mitnehmen (z. B. Spruchkarten, Erfrischungstücher, Blumen etc.)
- regt die Kommunikation untereinander an
- Menschen mit Sehbehinderung können etwas Interessantes auf dem Weg entdecken

spezifischer Nutzen für Betreuungsperson:
- Motivationshilfe, um Bewohner zu mobilisieren
- kann in der Ausstattung mit Accessoires den Jahreszeiten angepasst werden
- Mittel, um im Vorbeigehen Sinneseindrücke und Erinnerungen zu wecken
- Stoffresteverwertung bei der Herstellung der Stoffquadrate
- viel Platz für Kleinigkeiten des Alltags

Empfehlung für die Vorgehensweise:

- Fertigen Sie zunächst die Vorderseite, indem Sie als Erstes den gestalteten Mittelstreifen in Patchwork-Technik zusammensetzen.
- Danach werden die obere und untere Stoffbahn angesetzt.
- Schneiden Sie die Vliese und den Rückseitenstoff erst zu, wenn die Vorderseite komplett fertig ist, so können Sie gegebenenfalls die Größe noch anpassen.
- Als Letztes werden die Aufhängeriemen angenäht.
- Statt der bei den Accessoires angegebenen Reagenzgläser können Sie auch Orchideenröhrchen aus Kunststoff verwenden

Durchführung:

1. Materialien vorbereiten

a) Bei diesem Objekt lohnt es sich, eine Schablone aus fester Pappe für die vielen Stoffquadrate herzustellen. Grobe Skizze anfertigen. Anordnung der Taschen und Anhänger planen, in die Skizze eintragen.

b) Stoffe zuschneiden, probeweise aus jeweils vier kleinen Quadraten ein großes bilden und auf dem Tisch auslegen. Extraquadrate für Taschen gleich dazulegen, auf diese Weise Anzahl der kleinen Stoffquadrate überprüfen.

c) Erinnerungsfoto aufnehmen.

2. Quadrate zusammenfügen

a) Nacheinander die acht großen Quadrate aus den kleinen Stoffquadraten zusammensetzen. Dafür erst die kleinen Quadrate, aus denen die Oberseiten der Taschen werden, in die gewünschte Form bringen.

- Erste Variante: einen geraden Saum nähen. Dafür ein kleines Quadrat an einer Seite doppelt nach innen umschlagen. Bügeln. Knapp absteppen.
- Zweite Variante: eine schräge Tasche fertigen. Dafür von Ecke zu Ecke eine Diagonale falten und entlang der Diagonale absteppen. Nach Belieben einen Zierstich wählen.

b) Die Taschenoberteile auf die Unterteile legen, mit Nadeln feststecken und mit ein paar Stichen am Unterstoff annähen. In der richtigen Anordnung auf den Tisch legen. Erst die oberen zwei Quadrate zusammennähen. Dann die unteren zwei Quadrate zusammennähen. Mittelnaht ausbügeln. Nun das obere Rechteck und das untere Rechteck zusammennähen. Mittelnaht ausbügeln.
c) Auf gleiche Weise mit den verbleibenden kleinen Stoffquadraten fortfahren, bis alle verarbeitet sind.

3. Vorderseite zusammensetzen

a) Der Skizze folgend die großen Stoffquadrate zu einem langen Band zusammennähen. Als Anfangs-, End- und Verbindungsteil wird immer einer der schmalen Streifen (C) des Vorderseitenstoffes zwischen die Quadrate genäht. Die Mittelnähte ausbügeln.
b) An die fertiggestellte Quadratreihe nähen Sie unten den schmalen Streifen (B) an.
c) Oberhalb der Quadratreihe nähen Sie den breiteren Vorderseitenstreifen (A) an. Beide Nähte ausbügeln. Top zur Seite legen.

4. Rückseite fertigen

a) Verstärkungsvlies nach Herstellerangaben auf der linken Seite des Rückseitenstoffes aufbügeln. Auskühlen lassen.
b) Volumenvlies auf das Verstärkungsvlies legen. Umdrehen, das Vlies liegt nun auf der Tischplatte.
c) Top rechts auf rechts auf den Rückseitenstoff legen (= die schönen Seiten liegen aufeinander). Mit Quiltnadeln die Lagen fixieren. Beiseite legen.

5. Schlaufenband herstellen

a) Stoff für das Schlaufenband (D) mit der schönen Seite nach unten auf den Bügeltisch legen, durch den Schrägbandformer fädeln und die Kanten bügeln.
b) Das Band dann nochmals der Länge nach zusammenfalten und – der schöneren optischen Wirkung wegen – beide Seiten schmal absteppen.
c) Das Verschlussband (E) mit nur 40 cm Länge auf gleiche Weise arbeiten. Ein Ende mit einem schmalen Saum versäubern.

6. Vorder- und Rückseite zusammensetzen

a) Für das Verschlussband, das an der Unterseite des Wandbildes herabhängen soll, die Mitte des Tops markieren, das Band mit dem unversäuberten Ende mittig zwischen den schönen Seiten von Top und Rückseite feststecken. Das Band ganz zwischen den Stofflagen verschwinden lassen.
b) Stofflagen der Vorder- und Rückseite gegebenenfalls begradigen, rechts auf rechts aufeinanderlegen. Füßchenbreit absteppen. Beginnen Sie an einer der Schmalseiten, etwa 4 cm vor der Ecke, und nähen Sie an der Kante entlang, bis Sie wieder an der gleichen Schmalseite angekommen sind. Nachdem Sie um die letzte Ecke herumgenäht haben, verriegeln Sie die Naht nach etwa 4 cm. Die verbleibende Öffnung brauchen Sie zum Wenden (siehe Skizze). Achten Sie unbedingt darauf, das versteckte Band nicht versehentlich miteinzufassen.
c) Ketteln Sie die abgesteppten Seiten mit Zickzackstich ein und lassen Sie die Wendeöffnung frei.
d) Wenden Sie die Arbeit und ziehen Sie die Ecken mit einer festen Nadel oder mit dem Fadentrenner vorsichtig heraus.
e) Beim Ausbügeln von Top und Rückseite knicken Sie die unversäuberten Seiten der Wendeöffnung nach innen und heften Sie die Lagen aufeinander.
f) Wendeöffnung absteppen.

7. Schlaufenband anbringen

a) An den vier Schlaufenbändern bei 10 cm eine Markierung anbringen.
b) Die Schlaufenbänder mit der Markierung am oberen Rückseitenstoff feststecken, orientieren Sie sich dabei an den aufgenähten Stoffquadraten des Tops. Zwei Bänder ganz außen, zwei

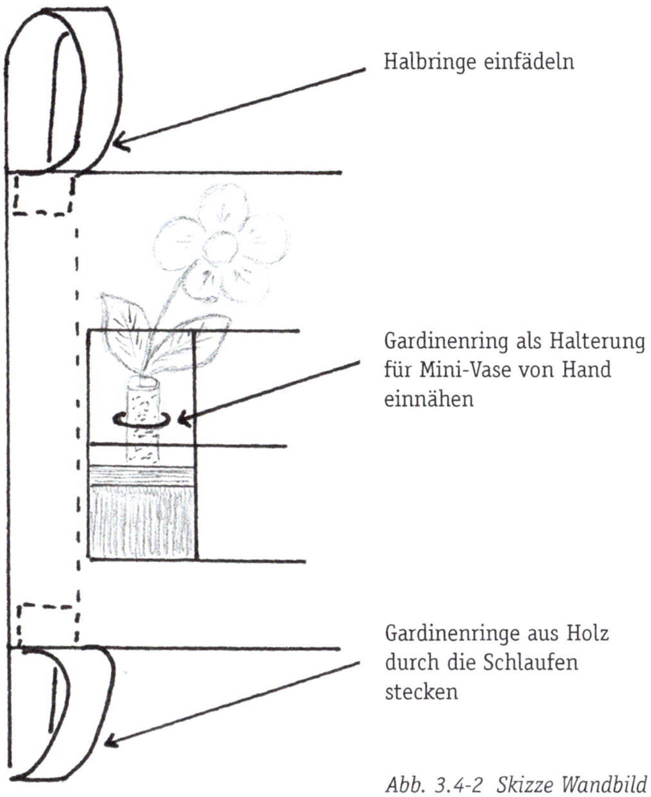

Abb. 3.4-2 Skizze Wandbild Detail

Bänder jeweils zwischen dem dritten und vierten Quadrat von außen (siehe Skizze).

c) Fädeln Sie die Halbringe in das Schlaufenband und knicken Sie das Band nach innen um. Stecken Sie das Ende 1 cm weit zwischen Rückseitenstoff und Schlaufenband.
d) Achten Sie beim Feststeppen darauf, dass die Schlaufen im rechten Winkel zum Top ausgerichtet sind.
e) Führen Sie das lange Ende des Bandes auf der Rückseite entlang und fixieren Sie es mit Nadeln. Orientieren Sie sich dabei wieder an den Stoffquadraten des Tops. Fädeln Sie nun die Holz-Gardinenringe durch die Schlaufen und stecken Sie wiederum das lose Ende 1 cm weit zwischen Rückseitenstoff und Schlaufenband.
f) Vergewissern Sie sich, dass das Band glatt und gerade aufliegt, und steppen Sie es beidseitig schmal ab. Nähen Sie den Schlaufeneinschlag ebenfalls fest. Zur Verstärkung der Aufhängung setzen Sie genau in der Mitte der Nähte längs nochmals eine Naht.

8. Wandbild fertig stellen

a) Vorgesehene Knöpfe und Ringe, entsprechend der von Ihnen selbst angefertigten Skizze, von Hand annähen.
b) Wandbild mit Accessoires bestücken.
c) Rundholz in die Aufhängeschlaufen einfädeln, Schraubhaken am Rundholz und Befestigung (Nägel/Haken) an der Wand anbringen.

Abb. 3.4-3 Wandbild Mini-Vase

Abb. 3.4-4 Wandbild zusammengefaltet

3.5 Das Fühlutensilo fürs Bett

Fertige Größe: 55 cm breit x 42 cm hoch

Schwierigkeitsgrad: mittel

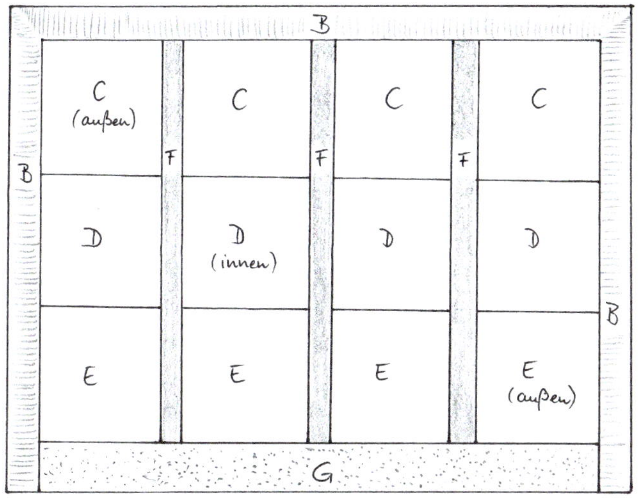

Abb. 3.5-1 Skizze Fühlutensilo

Materialliste

- 1 x Rückseitenstoff (A) 55 cm x 42 cm
- 1 x aufbügelbares Volumenvlies für die Rückseite 55 cm x 42 cm (z. B. Bügelbrettunterlage, wie in Kapitel 2.5 beschrieben)
- 1 x aufbügelbares Vlies für die Vorderseite 35 cm x 55 cm (z. B. Vlieseline H 630 oder H 640)
- 1 x Geradband breit (B) für die Einfassung 140 cm x 9 cm
- 5 x Schrägband schmal (H) für Aufhänger und Verschluss 47 cm x 4,5 cm
- 13 Knöpfe für die Rückseite (für Aufhänger und Verschluss) 2 cm Durchmesser

Für die Kängurutasche:

- 1 x Teddyplüsch braun 55 cm x 25,5 cm (G)
- 1 x Teddyplüsch weiß 55 cm x 21,5 cm
- 1 x Knopfloch-Gummiband 30 cm
- 3 Knöpfe passend zur Gummilitze

Für das Top (bestehend aus drei Ebenen):

- Oberste Ebene (C): glatte Fläche
- 2 x Stoff nach Belieben 14,5 cm x 35 cm (außen)
- 2 x Stoff nach Belieben 11,5 cm x 35 cm (innen)
- 3 x Stoffstreifen in Kontrastfarbe 3,5 cm x 35 cm (F)
- 1 x Stoffstreifen (Aufhängelasche für Spieluhr) 4 cm x 8 cm
- Mittlere Ebene (D): Taschen mit Ziersaum
- 2 x Stoff nach Belieben 14,5 cm x 18 cm (außen)
- 2 x Stoff nach Belieben 11,5 cm x 18 cm (innen)
- Unterste Ebene (E): Taschen mit Schrägbandeinfassung
- 1 x Stoff nach Belieben 14,5 cm x 17,0 cm (links außen)
- 1 x Stoff nach Belieben 14,5 cm x 15,0 cm (rechts außen)
- 1 x Stoff nach Belieben 11,5 cm x 15,0 cm (links innen)
- 1 x Stoff nach Belieben 11,5 cm x 17,0 cm (rechts innen)
- 2 x farblich passendes Schrägband schmal 14,5 cm
- 2 x farblich passendes Schrägband schmal 11,5 cm

Für die Duftstäbchen:

- Je 1 x dünner Baumwollstoff 8,5 cm x 23 cm
- Dazu je 1 Schmuckknopf und dünne Schnur bzw. Stickgarn zum Verschließen.
- Füllung nach Wunsch, zum Beispiel Kamille, Lavendel, Kaffeebohnen, Nelken usw.

- Nach Belieben Rüschenband, Schlüssel- und Gardinenringe, Zierknöpfe als Dekoration und zur Befestigung von Accessoires.

Besonderheit:

- Fühlobjekt mit Kängurutasche, das am Bettgitter befestigt werden kann
- ebenfalls nutzbar als »Wand-Fühlobjekt« für Rollstuhlfahrer
- kann statt am Bettgitter auch am Handlauf befestigt werden

geeignet für:

- Bettlägerige zur Vermeidung von Deprivation
- seitlich gelagerte Bewohner: die weich ausgepolsterte Kängurutasche lädt zum Hineingreifen ein
- Menschen, die viele Stunden am Tag im Bett bleiben müssen: das Utensilo bietet im Bett gut erreichbare Ablagemöglichkeiten für Taschentücher, Haarbürste, Brille und sonstige Kleinigkeiten

spezifischer Nutzen für Bewohner:

- Bettlägerigen können optische, akustische, haptische und olfaktorische Reize angeboten werden
- abgeknickt lädt die weich ausgepolsterte Kängurutasche den seitlich gelagerten Bewohner zum Hineingreifen ein
- Möglichkeiten zum Einknöpfen von anschmiegsamen Tüchern oder Handschmeichlern in der Kängurutasche
- Kleinigkeiten des Alltags können in Reichweite verstaut werden (Deo, Taschentücher, Kamm oder Brille usw.)

spezifischer Nutzen für Betreuungsperson:

- das Fühlutensilo kann alternativ auch am Handlauf angebracht und für Rollstuhlfahrer bestückt werden
- die Gewissheit, dass der Bettlägerige seine persönlichen Kleinigkeiten zur Hand hat, kann beruhigend sein

Empfehlung für die Vorgehensweise:

- Als erstes wird die vorderste Stofflage mit den aufgesetzten Taschen genäht.
- Verwenden Sie zur Verstärkung der Stofflagen am besten für die Vorderseite aufbügelbares Vlies und für die Rückseite eine Bügelbrettunterlage.
- An die fertiggestellte Vorderseite wird die Kängurutasche angenäht.
- Nachdem der Rückseitenstoff mit der Vorderseite und der Kängurutasche verbunden wurde, wird das Fühlutensilo auf drei Seiten umlaufend mit einem breiten Band eingefasst. Im gleichen Arbeitsschritt werden die Aufhängeschlaufen eingearbeitet.
- Da die vielen Stofflagen, einschließlich der Verstärkungs- und Volumenvliese, ziemlich dick sind, empfehle ich für die abschließenden Nähte die Verwendung einer Jeansnadel (und ein langsames Tempo beim Zusammennähen).

Durchführung:

1. Materialien vorbereiten

Stoffe und Vliese zuschneiden. Eventuell Schablone für Duftstangen herstellen. Das Top probeweise nach Skizze zurechtlegen und Foto als Gedächtnisstütze aufnehmen.

2. Taschen für das Top vorbereiten

a) Für die Taschen der mittleren Ebene jeweils den Ziersaum als doppelten Saum fertigen. Dafür die obere Schmalseite der Stoffe (D) 3,5 cm nach innen umschlagen. Bügeln. Aufklappen und die Oberkante des Stoffes knapp unterhalb der Bügelfalte anlegen. Wieder bügeln. Oben und unten knapp absteppen. Haben Sie einen Stoff, der von beiden Seiten schön ist, können Sie den Saum auch nach der rechten Seite arbeiten und nach Belieben noch ein Rüschenband einarbeiten.
Untere Schmalseite einketteln. 1,5 cm nach innen umschlagen. Bügeln.

Abb. 3.5-2 Tasche mit Rüschenband

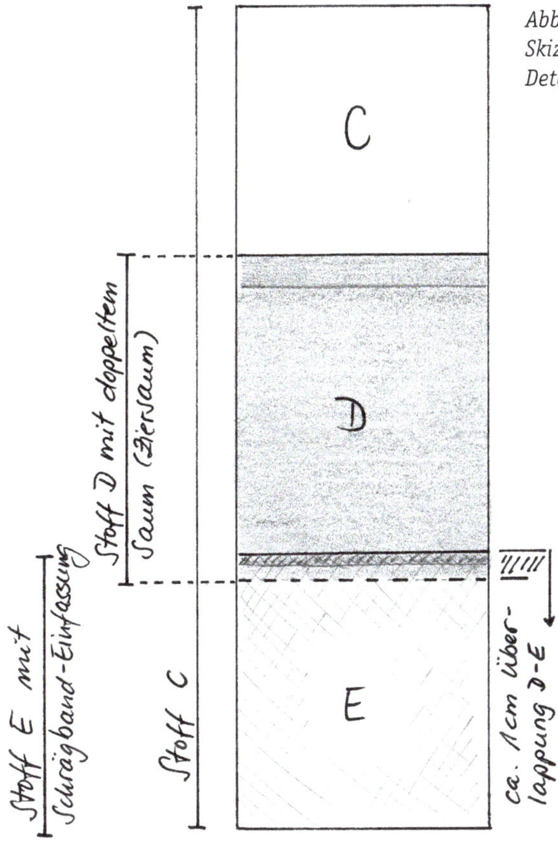

Abb. 3.5-3 Skizze Fühlutensilo Detail

b) Für die Taschen der vorderen (= untersten) Ebene die Schrägbänder zurechtschneiden und damit die obere Schmalseite der Stoffe (E) einfassen.

3. Top zusammenstellen

a) Mit der äußeren linken Bahn beginnen. Stoff (C) der obersten Ebene mit der rechten (= der schönen) Seite nach oben auf den Tisch legen. Stoff der unteren Ebene (E) ebenfalls mit der rechten Seite nach oben bündig auf den ersten Soff legen. Feststecken, dabei den oberen Rand 2-3 cm frei lassen. Füßchenbreit absteppen. Wieder glatt auf den Tisch legen.
b) Stoff der mittleren Ebene (D) so zwischen beide Stofflagen platzieren, dass der Stoff der unteren Ebene etwa 1 cm überlappt. Mittleren Stoff feststecken. Entlang der Unterkante knapp absteppen.
c) Mit den verbleibenden drei Stoffbahnen in gleicher Weise vorgehen.
d) Darauf achten, dass die Taschen glatt auf dem Unterstoff aufliegen. Dann schmalen Stoffstreifen in Kontrastfarbe rechts auf rechts an der rechten Seite mit Nadeln feststecken, füßchenbreit absteppen. Naht ausbügeln. Zweite Stoffbahn an das Band ansetzen, in gleicher Weise erst feststecken, dann nähen und bügeln. Wenn alle Teile verarbeitet sind, das ganze Top nochmal gründlich ausbügeln. Gegebenenfalls rundherum begradigen. Einketteln.
e) Vlies nach Herstellerangaben auf das Top aufbügeln, auskühlen lassen.
f) Von innen nach außen arbeitend, im Nahtschatten der schmalen Stoffstreifen, Vlies und Top miteinander vernähen.
g) Aufhängelasche für Spieluhr anfertigen: Aus dem Stoffstreifen eine Geradband herstellen, an beiden Längsseiten knappkantig absteppen, mit wenigen Stichen am mittleren Kontraststreifen oben bündig festnähen.
h) Top erstmal weglegen.

4. Rückseite vorbereiten

Rückseitenstoff auf das nicht bügelbare Volumenvlies (Bügelbrettunterlage) auflegen und gründlich mit Quiltnadeln feststecken. Mit einigen (Zier-) Nähten beide Stofflagen verbinden.

5. Kängurutasche nähen

a) Weißen und braunen Teddyplüsch ggf. einketteln, rechts auf rechts mit der breiten Seite aufeinanderlegen.
b) Feststecken und absteppen.
c) Braunen Teddyplüsch mit der verbleibenden Breitseite rechts auf rechts bündig auf die Unterseite des Tops legen, feststecken. Nähen.
d) Braunen Teddyplüsch mit 4 cm Überstand umschlagen. Feststecken. Den Umschlag durch eine Naht entlang der Topunterkante fixieren. Es soll ein breiter, fühl- und sichtbarer Rand entstehen (G). Verwenden Sie einen anderen Stoff, zum Beispiel Samt, Nicki oder Fellimitat, unterfüttern Sie den Rand mit weichem Volumenvlies, um die nötige Fülle zu erhalten.
e) Rückseitenstoff rechts auf rechts auf die verbleibende Breitseite des weißen Teddyplüsch legen. Absteppen.

6. Utensilo in Form bringen

a) Oberkante Rückseitenstoff mit Oberkante Top links auf links an der Breitseite entlang feststecken. Die schönen Seiten schauen nach außen. Teddystoffe nach innen einschlagen, die Kängurutasche wird jetzt sichtbar. Seitenteile ebenfalls feststecken.
b) Utensilo mit Geradband einfassen:
- Variante 1: Breites Geradband an den Enden ca. 1,5 cm nach innen umschlagen, das Utensilo von drei Seiten damit einfassen (B). Die Kängurutasche bleibt natürlich offen. Band sehr gut feststecken oder klemmen. Beiseitelegen.
- Variante 2: Das Geradband rechts auf rechts auf dem Top feststecken. Entlang der inneren Bandfalte, bei ca. 2 cm Abstand zur Kante, festnähen. Band umschlagen, auf der Rückseite feststecken. Beiseitelegen.

7. Aufhänger anbringen

a) Schmales Schrägband entlang der offenen Seite zunähen. Genau bei der Hälfte das Band nach innen umknicken, sodass eine Spitze entsteht und die Nähte nach innen zeigen. Die Spitze durch eine Naht fixieren.
b) Freizulassende Spalten für Knopflöcher markieren (pro Band drei Knopflöcher → bei 5,5 cm / 13,5 cm / genau über der abgenähten Spitze). Bänder mit schmalem Zickzackstich miteinander verbinden (H).
c) An den vorgesehenen Stellen (siehe Skizze) auf der Rückseite des Utensilos unter das Einfassungsband schieben, festklemmen.

Abb. 3.5-4 *Plüschrand*

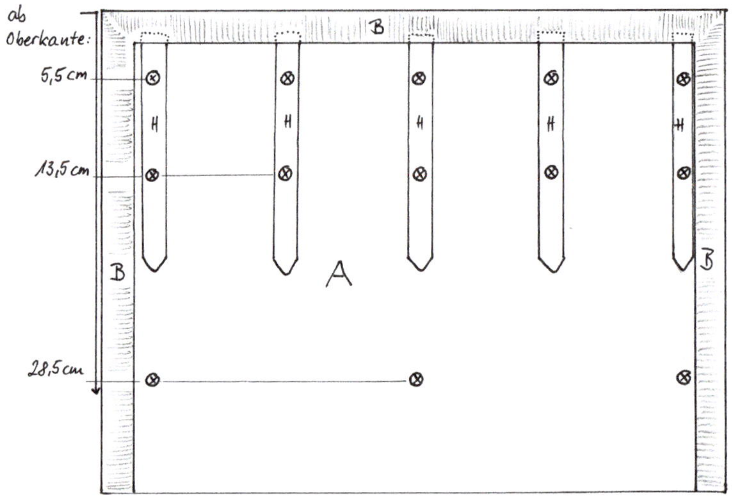

Abb. 3.5-5 *Skizze Fühlutensilo Rückseite*

Abb. 3.5-6 Fühlutensilo Aufhänger

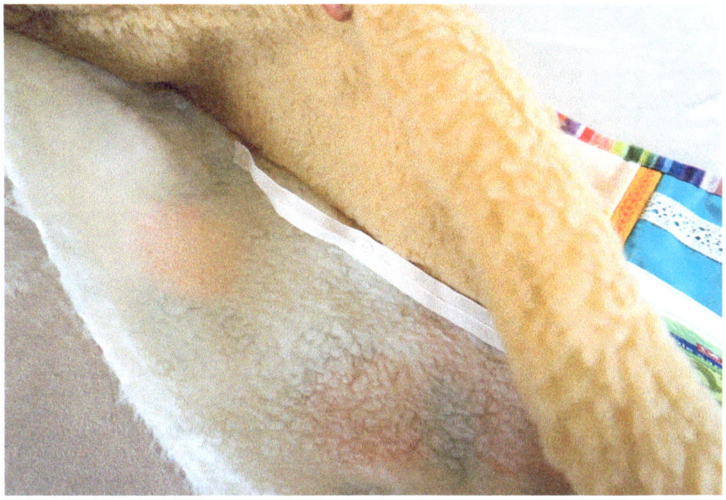

Abb. 3.5-7 Kängurutasche

8. Utensilo fertigstellen

a) Einfassungsband festnähen, dabei darauf achten, dass die Aufhänger nicht verrutschen.

b) Auf dem Rückseitenstoff durch die Aufhänger hindurch die Stellen markieren, an der die Knöpfe angenäht werden (bei 5,5 cm und 13,5 cm ab Oberkante). Für die drei unteren Knöpfe das Utensilo horizontal in der Mitte zusammenfalten, die beiden äußersten und die mittleren Aufhänger umschlagen, sodass die Kängurutasche verschlossen wird. Markierung anbringen (bei 28,5 cm ab Oberkante). Alle Knöpfe von Hand annähen, dabei den Faden nicht auf die Top-Seite durchstechen!

c) Knöpfe und Gardinenringe auf der Vorderseite von Hand annähen.

d) Knöpfe in der Kängurutasche von Hand festnähen. Knopflochlitze an den Rändern doppelt einschlagen und festnähen, damit sie nicht ausfranst. Einknöpfen.

9. Duftstäbchen herstellen

a) Vorbereitete Stoffe rundherum einketteln. Nach Belieben besticken oder mit Textilmarker beschriften. (Textilmarker gibt es in verschiedenen Farben. Sie sind nach Fixierung durch Bügeln bis 60 °C waschfest.)

b) Für den oberen Saum den Stoff 4 cm nach innen umschlagen. Bügeln und absteppen. Der Länge nach rechts auf rechts zusammenlegen, die seitliche und die untere offene Seite ebenfalls absteppen. Wenden.

c) Mit Hilfe eines Trichters Gewürze und Kräuter bis zum Umschlag einfüllen. Mit dünner Schnur oder Kordel fest verschließen, dabei Zierknopf einarbeiten.

f) Zur Aufbewahrung Duftstäbe einzeln dick in Butterbrotpapier einwickeln. Möglichst getrennt voneinander lagern, damit sich die Düfte nicht dauerhaft miteinander vermischen.

Abb. 3.5-8 Duftstäbchen

3.6 Die Fühlschürze

Fertige Größe (ohne Bänder):
70 cm breit x 74 cm lang

Schwierigkeitsgrad: mittel

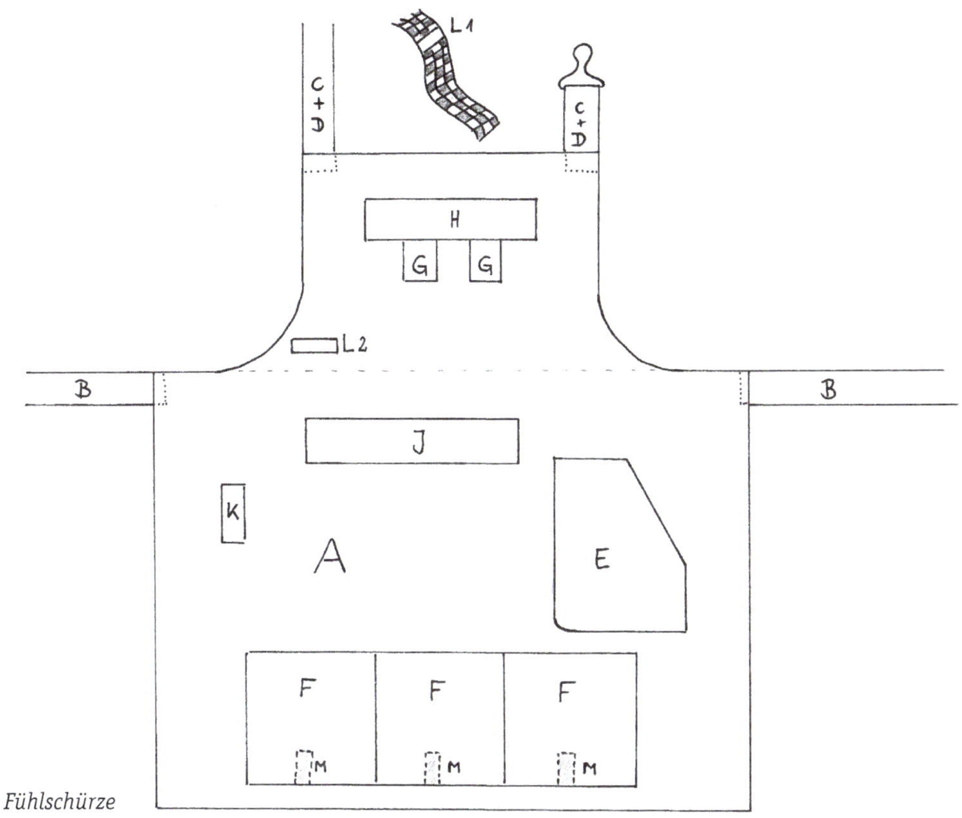

Abb. 3.6-1 Skizze Fühlschürze

Materialliste

Wenn Sie die Schürze selbst nähen:

- 85 cm (Länge) x 74 cm (Breite) Schürzenstoff rot gemustert aus strapazierfähiger Baumwolle (A)
- 2 x dünner Stoff rot 92 cm x 9 cm für seitliche Bindebänder (B)
- 130 cm x 6 cm Schürzenstoff für Band Oberteil (C)
- 130 cm x 6 cm dünner Stoff grün kariert für Band Oberteil (D)
- ca. 2 x 40 cm Schrägband schmal (20 mm) grün kariert zum Einfassen der Armrundung

des Weiteren benötigen Sie:

- 19 cm x 14 cm Baumwollstoff grün für aufgesetzte Tasche seitlich (E)
- 3 x Baumwollstoff 15 cm x 18 cm in verschiedenen Mustern rot für Taschenleiste am unteren Schürzenrand (F)
- 30 cm Nahtband weiß, 1 cm breit (M)
- 60 cm Schrägband schmal (20 mm) dunkelgrün für Einfassung der Tasche (E) und die Gurtschlaufen (L)
- 16 cm Schrägband schmal (20 mm) grün kariert für Knopfleiste Oberteil (G)
- 23 cm x 6 cm Stoff grün gepunktet für Knopfleiste Oberteil (H)
- 26 cm x 6 cm Stoff rot für Knopfleiste Mitte (J)
- 24 cm x 5 cm Stoff grün für Schlaufenband (K)
- 2 Knebelknöpfe 4 cm
- 1 Zierknopf 3 cm
- 12 Zierknöpfe 2 cm (möglichst lauter verschiedene Knöpfe)
- 2 Halbringe silber 2 cm
- 1 Halbring messing 4 cm
- 1 Latzhosenverschluss 4 cm

Zur Arbeitserleichterung, um die Bänder herzustellen:

- Schrägbandformer breit (50 mm)
- Schrägbandformer mittel (25 mm)

Besonderheit:
- als ganze Schürze oder Halbschürze tragbar
- mit Taschen, Ösen und Knöpfen, an denen kleine Küchenutensilien befestigt und versteckt werden können
- knöpfbares Band am Oberteil ermöglicht leichtes An- und Ablegen der Schürze über die Schultern

geeignet für:
- Menschen mit Demenz und Menschen mit Sehbehinderung zur Teilhabe an Koch- oder Backgruppen, wenn die aktive Teilnahme nicht möglich ist
- Menschen mit Demenz und Menschen mit Sehbehinderung mit Bezug zum Thema Kochen und Backen
- Menschen mit Demenz, die zu Essenszeiten unruhig werden, weil sie das Gefühl haben, für ihren Partner oder die Kinder kochen zu müssen
- Menschen mit Demenz, die viel umherlaufen: die Schürze geht immer mit und kann Anlass geben, sich ein paar Minuten hinzusetzen, um sich mit den angebrachten Gegenständen zu beschäftigen

spezifischer Nutzen für Bewohner:
- Erinnerungspflege durch die Beschäftigung mit Gegenständen zum Thema Kochen und Backen
- Teilhabe am Küchen-Geschehen auch ohne aktives Mittun
- das Schürzenband ist so gestaltet, dass es nicht über den Kopf gezogen, sondern zur Befestigung des Oberteils um den Hals gelegt werden kann (manche Menschen bekommen Angst, wenn ihnen etwas über den Kopf gestülpt wird)

spezifischer Nutzen für Betreuungsperson:
- thematisches Einbinden in das Geschehen von interessierten Bewohnern, die aufgrund ihrer Erkrankung nicht mehr aktiv mitkochen können
- gute Akzeptanz der Schürze bei den Seniorinnen (war früher ein alltäglich genutztes Kleidungsstück)
- wenn die Schürze von der Betreuungsperson getragen wird: Blickfang und anregendes Kommunikationsmittel beim Gang über den Wohnbereich oder für Besuche bei Einzelbetreuung im Zimmer

Empfehlung für die Vorgehensweise:

- Etwas Geduld ist erforderlich für das Annähen der zahlreichen Knöpfe – oder die Hilfe einer fingerfertigen Bewohnerin?
- Gute Möglichkeit, kleine Stoffstücke zu verwerten.
- Ist noch eine gute Schürze vorrätig, vielleicht sogar mit biografischem Bezug, kann diese ebenfalls verwendet werden (allerdings ohne verstellbares Schürzenband und Halbschürzenfunktion). Beginnen Sie dann bei Schritt 6.

Durchführung:

1. Materialien vorbereiten

a) Fertigen Sie die Schürze selbst, beginnen Sie mit dem größten Teil und falten Sie den Schürzenstoff mittig rechts auf rechts entlang dem Fadenlauf (evtl. das Muster berücksichtigen!). Übertragen Sie mit Schneiderkreide nach Skizze die Form der Schürze (inkl. der Nahtzugaben) auf den Stoff. Ein gutes Maß sind Brustteil oben 26 cm breit und Ansatz der seitlichen Bindebänder bei 53 cm gemessen ab Unterkante. Fürchten Sie, dass die Stofflagen beim Zuschneiden verrutschen, heften Sie sie erst mit ein paar Stecknadeln zusammen.

b) Legen Sie auch die anderen Stoffe für die Schürze zurecht und schneiden Sie sie nach den angegebenen Maßen zu.
c) Bedenken Sie bitte, dass es wegen Abweichungen bei der Größe der Armausschnitte oder der aufgesetzten Tasche eventuell zu geringfügigen Differenzen im Verbrauch des Schrägbandes kommen kann. Schneiden Sie das Schrägband erst ab, wenn Sie abmessen können, wie viel Sie tatsächlich brauchen. Seien Sie lieber etwas zu großzügig als zu genau – es ist sehr ärgerlich, wenn das Band am Ende um Haaresbreite zu kurz ist!
d) Schrägband, das um Kurven herum geführt wird, sollte tatsächlich diagonal zum Fadenlauf geschnitten werden (daher die Bezeichnung Schrägband), so bleibt es elastisch (gekauftes Schrägband ist immer so geschnitten). Alle anderen Bänder können mit dem Fadenlauf geschnitten werden und heißen korrekterweise Geradband.

2. Seitliche Bindebänder nähen

a) Den Stoff für die seitlichen Bindebänder (B) durch den breiten Schrägbandformer (50 mm) führen. Die schöne Seite liegt auf dem Bügelbrett, die Innenseite zeigt nach oben. Mit dem Bügeleisen die entstehenden Falten fixieren.
b) In einem zweiten Schritt die Falze aufeinanderlegen und die Mittelfalte ebenfalls bügeln. Nun liegen 4 Lagen Stoff aufeinander, jedes Band ist nun 2,5 cm breit.
c) Schlagen Sie jeweils an einem schmalen Ende 1 cm nach innen ein. Nähen Sie den so entstandenen Saum schmalkantig fest und führen Sie die Naht entlang der langen offenen Seite des Bandes weiter. Wenn es Ihnen gefällt, setzen Sie an die Mittelfalz zusätzlich eine Ziernaht, so gibt es ein gleichmäßiges Bild.
d) Sie haben nun zwei Bänder zu je ca. 91 cm, jeweils mit einem versäuberten und einem nicht versäuberten Ende. Legen Sie diese kurz beiseite.

3. Schürze nähen, Teil 1

a) Bügeln Sie den Schürzenstoff (A) an den drei Seiten unterhalb der Armrundung für einen schmalen Saum zwei Mal zu je 1 cm nach innen um (doppelter Saum).
b) Nehmen Sie nun die seitlichen Bindebänder (B) und schieben Sie die nicht versäuberten Enden direkt unter der Armrundung in den Saum. Stecken Sie die Stofflagen mit Stecknadeln fest (die Bänder zeigen jetzt noch nach innen). Beachten Sie (für die optische Wirkung) die Symmetrie der Nähte, das heißt die sichtbare Naht entweder bei beiden Bändern nach oben oder bei beiden nach unten.
c) Steppen Sie den Saum einschließlich der seitlichen Bindebänder entlang der Saumkante ab.
d) Falten Sie die Bindebänder nun entlang der Naht nach außen. Fixieren Sie durch eine zweite Naht die Bänder so, dass sie nach außen, das heißt in Zugrichtung zeigen.
e) Fertigen Sie am Oberteil der Schürze den breiten Saum, indem Sie den Stoff um 9 cm nach innen umbügeln. Klappen Sie den Stoff nochmals auf und bügeln Sie bei 3 cm eine zweite Falte. Schlagen Sie beide Falten nach innen um. Der Saum ist jetzt 6 cm breit. Stecken Sie ihn mit Nadeln fest. (Noch nicht festnähen!)
f) Fassen Sie die Armrundungen komplett mit dem grün karierten Schrägband ein. Legen Sie die Schürze beiseite.

4. Band für Oberteil nähen

a) Bügeln Sie den Oberstoff für das Band (Schürzenstoff C) an beiden Längs- und Schmalseiten jeweils 1 cm nach innen um.
b) Verfahren Sie mit dem grün karierten Unterstoff (D) genauso.
c) Nun beide Bänder mit den Innenseiten aufeinanderlegen und feststecken.
d) Bevor Sie die Bänder nun zusammennähen, schneiden Sie von dem dunkelgrünen Schrägband 7 cm ab, falten es der Länge nach so zusammen, dass die offenen Seiten innen liegen und steppen Sie es schmal ab. Messen Sie von der Bandseite, die nachher das lange Ende sein

wird, auf der grün karierten Innenseite 40 cm ab. Fädeln Sie das dunkelgrüne Schrägband (L1) rechts und links ca. 1 cm zwischen die Stofflagen, sodass eine lockere Schlaufe entsteht, wie bei einem Hosenbund, durch die der Gürtel geführt wird. Mit Nadeln feststecken und nun das lange Band zusammennähen.

e) Das Band durchschneiden bei 28 cm. (Achtung: die Schlaufe (L1) muss am langen Bandende sein!) Sie haben jetzt zwei ungleich lange Bänder mit je einer unversäuberten Schmalseite.

5. Schürze nähen, Teil 2

a) Je nachdem, auf welcher Seite Sie den Verschluss haben möchten, setzen Sie die soeben gefertigten Bänder am breiten Saum des Oberteils der Schürze an. Dabei gehen Sie genauso vor wie bei den seitlichen Bindebändern. Schieben Sie die unversäuberten Enden des Bandes etwa 2 cm weit in den breiten Saum, vergewissern Sie sich durch Hochklappen, dass das Band richtig herum eingeführt und am oberen Rand mit dem Abschluss der Armrundung bündig ist. Mit Nadeln feststecken. Untere Naht des breiten Saumes schmalkantig ausführen. Beide Bänder nach oben klappen. Feststecken, den breiten Saum am oberen Rand ebenfalls schmalkantig absteppen. Sparen Sie dabei aus optischen Gründen jeweils das Schrägband aus.

b) Am kurzen Band mit 3 cm Abstand zum Rand der Schürze mittig der Länge nach ein Knopfloch fertigen. Falls Sie meinem Vorschlag folgen, ist dieses für einen der Zierknöpfe mit 2 cm Durchmesser, der ebenfalls bei 3 cm Abstand zum Bandende auf der Innenseite (grün kariert) festgenäht wird. Fädeln Sie den Latzhosenverschluss auf das Band, klappen es nach innen um und knöpfen es zu. Der Zierknopf ist jetzt von vorne zu sehen.

c) Damit das Band in der Länge verstellbar ist, nähen Sie am langen Band auf dem Oberstoff ebenfalls mittig Zierknöpfe mit 2 cm Durchmesser an. Vom Schürzenrand gemessen bei 40 cm, 44 cm, 48 cm, 52 cm und 56 cm.

6. Taschen fertigen, Zierbänder anbringen

<u>6.1 Taschenleiste in drei Rottönen</u>

a) Schneiden Sie das schmale weiße Nahtband (M) in drei gleiche, etwa 10 cm lange Stücke und falten Sie diese einmal in der Mitte zusammen.

b) Nehmen Sie die drei verschieden gemusterten roten Stoffe (F), die für die Taschenleiste am unteren Schürzenrand vorgesehen sind, und heften Sie die Schlaufen aus dem weißen Nahtband mit einer Stecknadel auf der inneren, 15 cm breiten Unterseite mittig fest. Die offenen Enden des Nahtbandes und die Stoffkante sind bündig.

c) Ketteln Sie alle drei Stoffteile mit Zickzackstich ein und bügeln Sie sie anschließend glatt.

d) Nähen Sie nun alle drei Teile an den 18 cm langen Seiten füßchenbreit zusammen und achten Sie darauf, dass die Nahtbandschlaufen unten sind. Bügeln Sie die Nähte auseinander.

e) Bügeln Sie einen einfachen schmalen Saum von knapp 1 cm an der rechten, unteren und linken Seite der Taschenleiste. Zuletzt bügeln Sie an der verbleibenden oberen Seite einen doppelten Saum von 1 cm und fixieren ihn durch eine schmale Naht.

f) Legen Sie die Taschenleiste mittig auf die Schürze. Halten Sie etwa 2,5 cm Abstand zum unteren Schürzensaum und stecken beide Stofflagen zusammen. Achten Sie darauf, dass die nun innen liegenden weißen Nahtbandschlaufen glatt nach oben zeigen und beim Festnähen der Taschenleiste am unteren Rand mit erfasst werden.

g) Nähen Sie schmalkantig die rechte, untere und linke Seite fest. Zuletzt unterteilen Sie die Taschenleiste in drei Fächer, indem Sie ganz knapp rechts und links der beiden Mittelnähte entlangsteppen.

h) Nähen Sie die drei Zierknöpfe (2 cm) außen an den Saum an. Haben die Knöpfe ein Motiv, richten Sie sie so aus, dass die Trägerin der Schürze im Sitzen gerade auf sie sehen kann (am besten vor dem Annähen Schürze anlegen und ausprobieren).

6.2 Seitliche grüne Tasche

a) Fassen Sie den grünen Taschenstoff (E) mit dem dunkelgrünen Schrägband ein. Die Tasche ist übrigens bewusst so groß, damit ein kleines Rezeptbüchlein (wie sie beispielsweise an manchen Zeitschriften als »Zugabe« zu finden sind) darin Platz hat.
b) Setzen Sie die eingefasste Tasche an die gewünschte Stelle.
c) Stecken Sie beide Stofflagen zusammen und nähen Sie schmalkantig auf dem dunkelgrünen Schrägband die Tasche fest. Die Diagonale bleibt für den Eingriff offen.

6.3 Rote Knopfleiste

a) Bügeln Sie an dem roten Stoffstreifen (J) rundherum einen einfachen schmalen Saum von 1 cm nach innen um.
b) Legen Sie die Knopfleiste auf die gewünschte Stelle der Schürze und stecken Sie sie fest.
c) Bevor Sie die Knopfleiste rundherum schmalkantig festnähen, überprüfen Sie, ob sie noch sichtbar ist, wenn Sie das Oberteil der Schürze nach innen umklappen und die Schürze als Halbschürze tragen. Gegebenenfalls die Position der Knopfleiste nach unten anpassen (siehe Skizze).

Abb. 3.6-2 grüne und rote Knopfleiste

d) In der Mitte den großen Zierknopf (3 cm) und außen jeweils die beiden Knebelknöpfe festnähen.

6.4 Grüne Knopfleiste

a) Bügeln Sie an dem grün gepunkteten Stoffstreifen (H) rundherum einen einfachen schmalen Saum von 1 cm nach innen um.
b) Legen Sie die grüne Knopfleiste mittig auf das Oberteil der Schürze. Mit Stecknadeln die Position fixieren.
c) Aus dem grün karierten Schrägband (G) zwei Streifen zu 8 cm abschneiden, nach innen umklappen und Schlaufen formen. Jeweils einen silbernen Halbring einfädeln und das Band an den Seiten mit einer Naht verschließen.
d) Schieben Sie die schmalen Enden der Schlaufen mit den Halbringen etwa 1 cm weit zwischen Schürzenstoff (A) und Unterseite Knopfleiste (H). Stecken Sie die Schlaufen fest und nähen Sie die grün gepunktete Knopfleiste mitsamt den Schlaufen rundherum schmalkantig fest.
e) Jetzt können Sie die letzten verbleibenden drei Zierknöpfe anbringen.

6.5 Seitenschlaufe und Band-Halterung

a) Fertigen Sie aus dem grünen Stoff (K) eine Schlaufe: Bügeln Sie rundherum einen einfachen Saum 1 cm nach innen um. Falten Sie das Band links auf links zusammen und nähen Sie schmalkantig alle vier Seiten zusammen. Fädeln Sie nun den großen Halbring ein und falten Sie das Band erneut zusammen.
b) Befestigen Sie die Schlaufe an der offenen Seite mit einer doppelten Naht an der vorgesehenen Stelle der Schürze (nur an der schmalen Kante festnähen).
c) Ein letzter Schritt bleibt noch zu tun: Schneiden Sie von dem dunkelgrünen Schrägband 10 cm ab. Schlagen Sie die Schmalseiten jeweils 1 cm nach innen ein. Falten Sie das Band der Länge nach zusammen und verschließen Sie die offenen Seiten mit einer Naht.
d) Nähen Sie das Band (L2) an den Außenseiten mit einer stabilen Naht an der Schürze fest.

Abb. 3.6-3 Fühlschürze Bänder eingehängt

Abb. 3.6-4 Halbschürze

Nehmen Sie Maß mit dem langen Band des Oberteils (an dem ja bereits die grüne Schlaufe L1 angebracht ist). Bei etwa 22 cm Abstand zur Oberkante der Schürze und genau senkrecht unter dem Bandansatz sollte es fixiert werden. Auf jeden Fall muss es noch auf dem Oberteil der Schürze angebracht sein (siehe gestrichelte Linie auf der Skizze).

Schürze zu einer Halbschürze umwandeln:

a) Schlagen Sie das Oberteil nach innen um.
b) Hängen Sie den Latzhosenhalter in den linken Knopf der grünen Knopfleiste ein.
c) Fädeln Sie das lange Band des Oberteils durch die grüne Halteschlaufe L2 der Schürze.
d) Fädeln Sie beim Zurückführen des Bandes das lose Ende durch die kurze Schlaufe L1 auf der Innenseite des Bandes.
Voilà! Gefahr gebannt, jetzt kann keiner mehr stolpern.

3.7 Fühlcouchkissen

Fertige Größe: 40 cm x 40 cm

Schwierigkeitsgrad: schwer – für Fortgeschrittene

Materialliste

- 1 x Rückseitenstoff für Kissenhülle mit Orangenmuster 41,5 cm x 41,5 cm (A)
- 2 x weicher Flanell orange für Zwischenlagen (B) und (C) zu je 41,5 cm x 41,5 cm
- 1 x Baumwollstoff gelb für Zwischenlage 41,5 cm x 41,5 cm (D)

1 x Top, zusammengesetzt aus:

- 8 x Plüsch grau zu je 11,5 cm x 11,5 cm (E)
- 4 x Karo zu je 11,5 cm x 11,5 cm (F)
- 4 x Unterstoff Einstecktasche orange zu je 11,5 cm x 11,5 cm (G)
- 4 x Oberstoff Einstecktasche mit Ziersaum orange zu je 11,5 cm x 15 cm (H)
- 1 x Baumwollstoff für Leinsamenkissen 34 cm x 34 cm (J)
- 2 x Baumwollstoff für Duftkissen 19 cm x 9 cm (K)
- 2 x Schrägband schmal in grau zu je 9 cm
- 4 x Schrägband schmal in orange kariert zu je 21 cm
- 4 x Schrägband breit für Eckeinfassung zu je 30 cm (L)
- 1 x Reißverschluss gelb 30 cm (max. 35 cm)
- 6 x Knöpfe mit 1,5 cm Durchmesser
- 4 x Kunststoff-Gardinenringe mit 1,5 cm Durchmesser
- 1 x Füllkissen 40 cm x 40 cm
- ca. 15 g (= 4 EL) Lavendelblüten (oder Kräuter und Gewürze nach Belieben)
- 250 g Leinsamen

- Schrägbandformer schmal (25 mm) und breit (50 mm)
- Nach Bedarf Baumwollschnur zum Befestigen der Accessoires

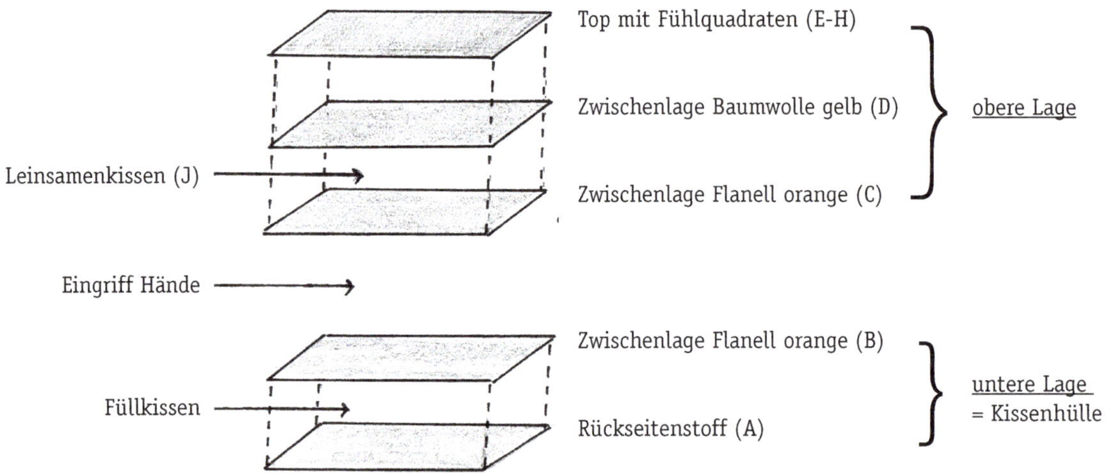

Abb. 3.7-1 Skizze Fühlcouchkissen Aufbau

Besonderheit:
- zweilagiges, an den Seiten offenes Kissen zum Durchgreifen
- mit integriertem Wärmeelement und Versteckmöglichkeiten

geeignet für:
- Bewohner mit Bedürfnis nach Wärme, mit Freude am Entdecken

spezifischer Nutzen für Bewohner:
- anschmiegsames (und wohlriechendes) Kissen
- sehr angenehm bei kalten Händen
- versteckte Kleinigkeiten in den unauffälligen Taschen laden zur selbstständigen Beschäftigung ein

spezifischer Nutzen für Betreuungsperson:
- je nach Zugabe der Kräuter in den Duftsäckchen und Erwärmung des Leinsamenkissens kann gezielt eine beruhigende oder aufmunternde Wirkung durch Freiwerden ätherischer Öle erzielt werden

Empfehlung für die Vorgehensweise:

- Bis zur Fertigstellung des Couchkissens können mehrere in sich abgeschlossene Aktivitätseinheiten gestaltet werden (z. B. Duftsäckchen und Leinsamenkissen nähen und befüllen).
- Besitzen Sie eine geeignete Kissenhülle mit Reißverschluss an der Seitennaht, können Sie Arbeitsschritt 2 überspringen.
- Als Wärmeelement können Sie statt des Leinsamenkissens auch eine Gelkompresse der entsprechenden Größe aus der Apotheke verwenden. Das wäre allerdings sehr schade, denn gerade der Umgang mit Naturmaterialien, in diesem Fall mit den Leinsamen, ist bei den Senioren sehr beliebt und bietet immer Gesprächsstoff. Entscheiden Sie sich dennoch für diese Lösung, verbinden Sie im Arbeitsschritt 6c die zweite Zwischenlage (C) und das Top am besten mit zwei bis drei Knöpfen, damit die Kompresse nicht versehentlich herausrutschen kann.
- Nachdem es ein Fühl- und Kuschelkissen ist, auf dem so mancher Bewohner auch gern einnickt, ist es von Vorteil, wenn nur weiche Accessoires eingearbeitet werden.

Durchführung:

1. Materialien vorbereiten

Schablonen aus Pappe zuschneiden (ggf. 41,5 cm x 41,5 cm und 11,5 cm x 11,5 cm).

Stoffe entsprechend der Angaben zuschneiden. Schrägbänder herstellen.

2. Hülle für das Füllkissen nähen

a) Reißverschluss einsetzen: Rückseitenstoff (A) und Flanell (B) jeweils auf einer Seite mit Zickzackstich einketteln. Eingekettelte Seite 1 cm nach innen umbügeln. Reißverschluss mittig einsetzen, festnähen.

b) Stoffe von links zu einer Kissenhülle zusammenfügen, verbleibende Ränder ebenfalls einketteln. Wenden, ausbügeln und erstmal zur Seite legen.

3. Top zusammenstellen

a) Ziersaum am Oberstoff (H) abmessen, umbügeln, sodass ein Quadrat 11,5 cm x 10,5 cm entsteht. Saum festnähen. Mit der unteren Seite bündig auf den Unterstoff (G) legen, zusammenstecken. Schmalkantig absteppen. Auf diese Weise bleibt genügend Nahtzugabe und Sie müssen nicht fürchten, aus Versehen die Tasche wieder zuzunähen, wenn Sie später das Top zusammensetzen.
b) Graues Schrägband zurechtschneiden, offene Längsseiten zusammennähen. An zwei Quadraten des karierten Stoffes (F) das Band diagonal über Eck legen, feststecken (siehe Skizze).
c) Nach Schema je 4 Quadrate zu einer Reihe zusammennähen. Nähte mittig auseinanderbügeln.
d) Die Reihen nacheinander zu einem großen Quadrat zusammenfügen. Das Top erstmal beiseitelegen.

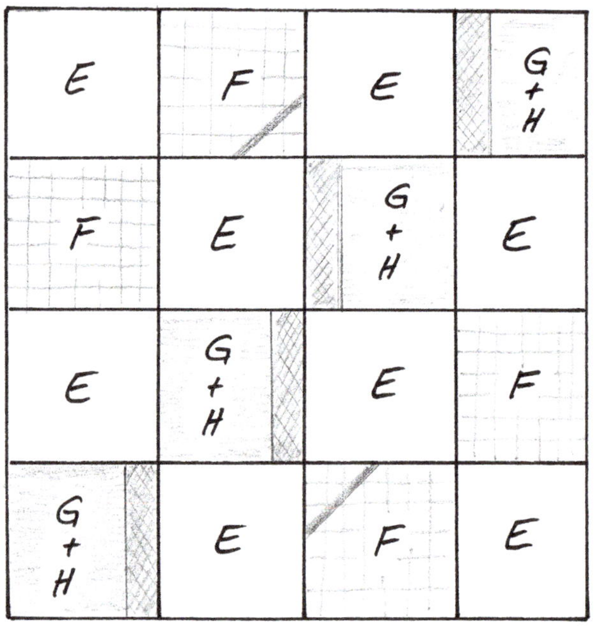

Abb. 3.7-2 Skizze Fühlcouchkissen Top

4. Leinsamenkissen nähen

a) Auf einer Seite den gelben Baumwollstoff (J) ca. 1 cm breit umschlagen, einen einfachen Saum arbeiten und absteppen. (Das wird die Öffnung, durch die Sie die Leinsamen einfüllen, und deshalb die Seite sein, die Sie als letztes verschließen werden.) Nun den Stoff rechts auf rechts zur Hälfte zusammenfalten und die offenen Seiten füßchenbreit absteppen. Das Kissen wenden, ausbügeln.
b) Das Kissen nun in neun gleich große Rechtecke einteilen. Die Linien auf der schönen Seite des Stoffes gut sichtbar markieren und zunächst nur die beiden in Längsrichtung bis ganz oben absteppen.
c) In jede der drei Kammern knapp 30 g (um ganz genau zu sein: 28 g) Leinsamen einfüllen und entlang der ersten Querlinie absteppen. Diesen Vorgang noch zwei Mal wiederholen. Die letzte Naht verschließt das Leinsamenkissen.
   Tipp: Während des Nähens die Füllung in den Kammern mit Stecknadeln zurückhalten.
d) In jede Ecke ein für Ihre Knöpfe passendes Knopfloch nähen.

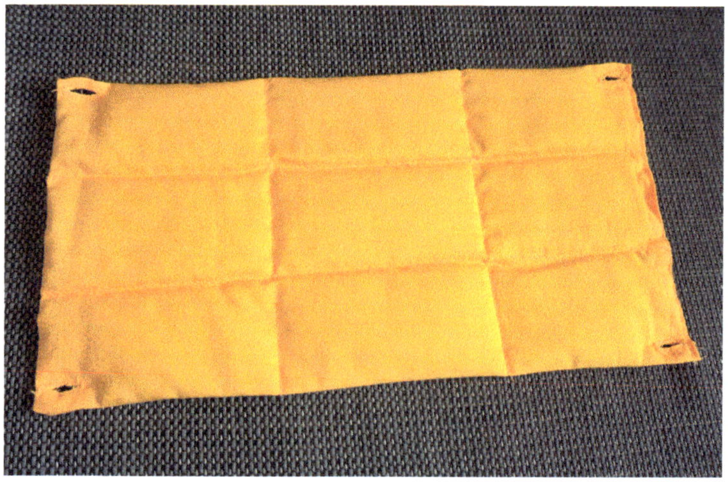

Abb. 3.7-3 Wärmekissen mit Knopflöchern

5. Erste Zwischenlage mit Top verbinden

a) Top mit der schönen (rechten) Seite nach unten auf den Tisch legen. Gelben Baumwollstoff (D) mit der rechten Seite nach oben passgenau darauflegen.

b) Leinsamenkissen mittig auf den Baumwollstoff legen (vom Top werden die mittleren 8 Felder abgedeckt) und durch die Knopflöcher die Stellen markieren, an denen die Knöpfe befestigt werden müssen. Knöpfe annähen. Den Baumwollstoff wieder auf das Top legen und mit ein paar Stecknadeln beide Stofflagen zusammenheften.

c) Schmales orangekariertes Schrägband der Länge nach in der Mitte zusammenfalten, sodass das Stoffband nun 4 Lagen hat. An den beiden Seiten, an denen sich die Knöpfe befinden, das Schrägband mittig ansetzen und feststecken. Es umschließt beide Stofflagen und ragt jeweils etwas über die mittleren Quadrate des Tops hinaus. Absteppen und somit beide Stofflagen fest miteinander verbinden.

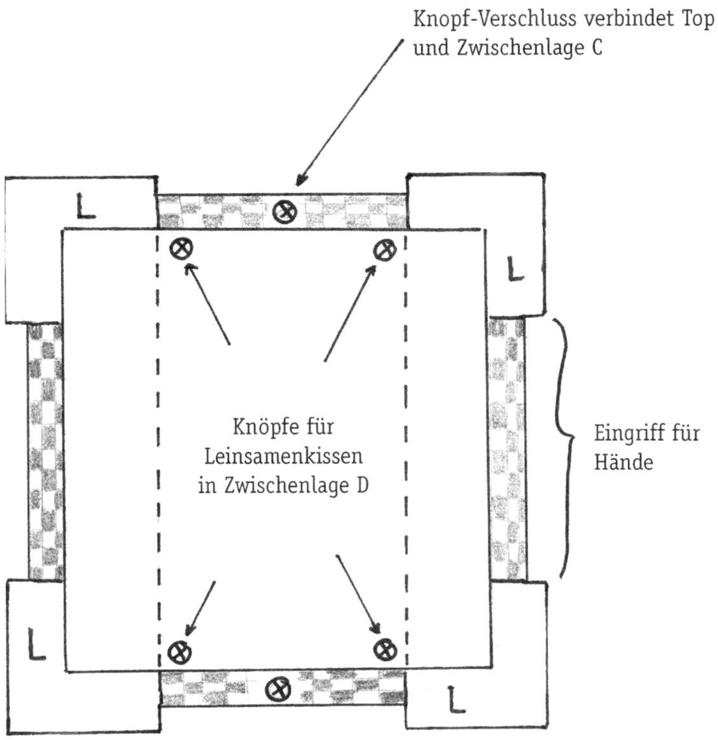

Abb. 3.7-4 Skizze Fühlcouchkissen Zwischenlagen

6. Zweite Zwischenlage mit Top verbinden

a) Verbleibenden Flanellstoff (C) mit der linken Seite nach oben auf den Tisch legen, an zwei gegenüberliegenden Seiten doppelt nach innen umschlagen, sodass ein sehr schmaler Saum von 0,5 cm Breite entsteht. Bügeln und absteppen.

b) Den Stoff so auf die erste Zwischenlage (D) des Tops legen, dass die eingesäumten Seiten von links auf die Knopfseiten zu liegen kommen. Stoffe mittig bzw. passgenau aufeinanderlegen (evtl. begradigen) und genauso wie bei der ersten Zwischenlage an den noch freien Seiten nun alle drei Stofflagen mit dem schmalen orangekarierten Schrägband miteinander verbinden.

c) Leinsamenkissen einknöpfen. Der Flanellstoff der zweiten Zwischenlage soll nun mit einem Knopf oberhalb des Leinsamenkissens mit dem Top verbunden werden. Dafür die entsprechenden Markierungen anbringen: für das Knopfloch im Flanell ganz knapp unter dem Saum und für den Knopf genau in der Mitte der Unterseite des Tops. Beides (fest-)nähen und zusammenknöpfen.

7. Top und Kissenhülle miteinander verbinden

a) Leinsamenkissen erstmal wieder herausnehmen.

b) Stofflagen mit der Hand ausstreichen. Ecken gegebenenfalls begradigen.

c) Breites Schrägband (L) an den Schmalseiten knapp einschlagen, so um die Ecken des Tops führen, dass die unversäuberten Ränder des schmalen orangekarierten Schrägbandes mit eingefasst werden, dabei alle 3 Stofflagen miteinander verbinden. Das breite Schrägband auf gleicher Höhe wie das orangekarierte Schrägband festnähen (entlang des Tops ist der Nahtansatz beider Bänder fortlaufend, siehe Skizze).

d) Teilen Sie das Fach des Leinsamenkissens ab, indem Sie zwei Nähte im Nahtschatten der Top-Quadrate entlangführen.

e) Nun Leinsamenkissen einknöpfen und Füllkissen in die Kissenhülle stecken. Beide Teile mit den Flanellseiten aufeinander legen und genau ausrichten. Mit Stecknadeln die Position fixieren. Füllungen wieder entnehmen.

f) Entlang der Ecken, ausschließlich auf dem breiten Schrägband (L) beide Teile schmalkantig (ggf. mit einer Jeansnadel) zusammennähen, dabei den Reißverschluss nicht versehentlich mit einfassen.

Abb. 3.7-5 Top und Kissenhülle verbinden

8. Fühlcouchkissen fertigstellen

a) Von Hand auf der Innenseite der orangefarbenen Taschen, am unteren Saumrand, die Gardinenringe festnähen.
b) Die Lavendelsäckchen herstellen: Baumwollstoff an den Schmalseiten 0,75 cm breit nach innen umschlagen, bügeln. Mittig rechts auf rechts zusammenfalten, die beiden offenen saumlosen Seiten zusammennähen, evtl. einketteln, wenden. Mit Lavendelblüten befüllen. Die Baumwollschnur in gewünschter Länge abschneiden, die Enden zusammenknoten. Den Knoten in eine Ecke des Duftsäckchens stecken. Das Säckchen mit einer Naht verschließen.
c) Leinsamenkissen wieder einknöpfen. Die Duftsäckchen in den Taschen verstauen, die über dem Wärmeelement liegen.
d) Füllkissen in die Hülle stecken.
e) Restliche Accessoires nach Belieben anbringen.

3.8 Das Fühlbuch

Fertige Größe: 34 cm breit x 32 cm hoch

Schwierigkeitsgrad: schwer – für Fortgeschrittene

Materialliste

Pro Blatt:

- 2 x Schabrackenvlies 32 cm x 32 cm
- 1 x Stoff nach Belieben für Seite A 32 cm x 32 cm
- 1 x Stoff nach Belieben für Seite B 32 cm x 32 cm
- 168 cm Schrägband schmal (= 133 cm für die Einfassung der Seiten (A) + 3 cm Toleranz + 4 x 8 cm für die Schlaufen (B))

Für das Deckblatt zusätzlich:

- Buchstabenknöpfe F-U-E-H-L-B-U-C-H
- 1 Schmuckknopf 3 cm Durchmesser
- 50 cm Stickband 5 cm breit (32 cm für die Titelseite und 18 cm als Verschlussband (C) auf der Rückseite)

- 4 Taschenringe mit Karabineröffnung 48 mm Durchmesser
- Zur Ausgestaltung der Seiten nach Belieben Kleingegenstände, Spitze, Borten und Bänder etc.

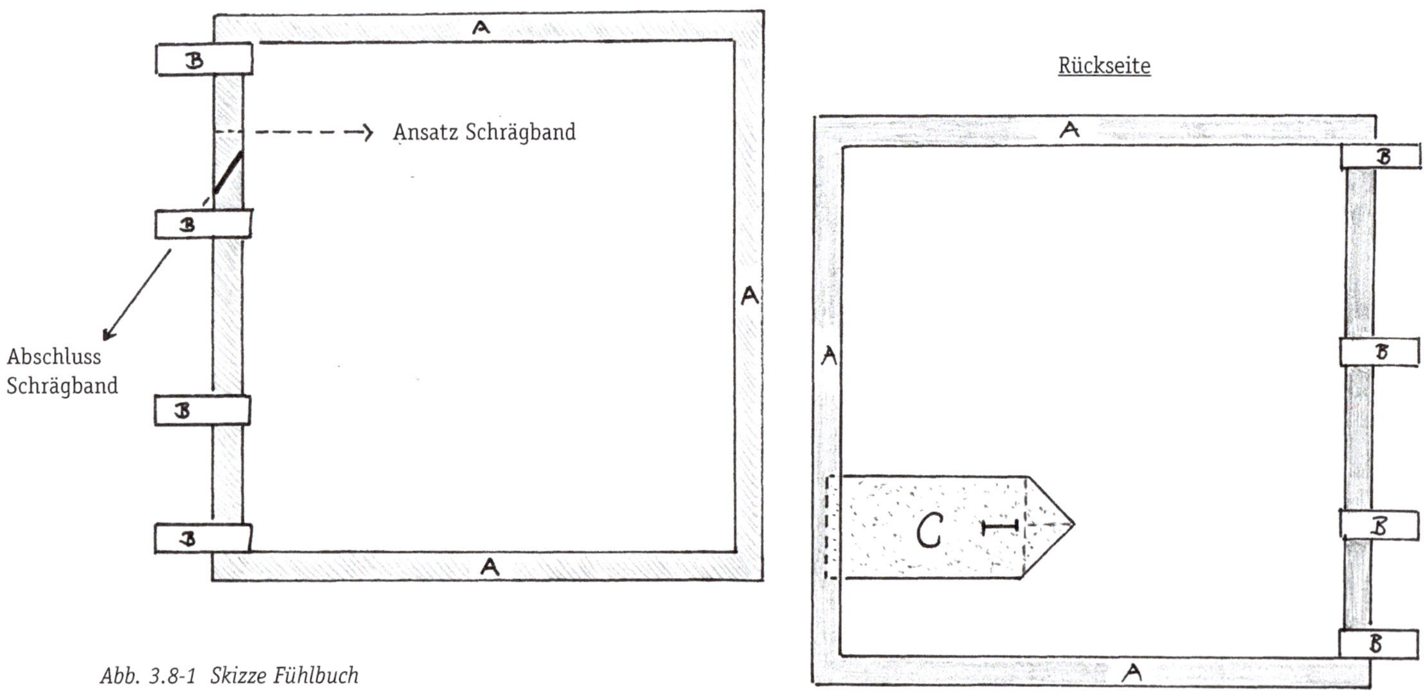

Abb. 3.8-1 Skizze Fühlbuch

Besonderheit:

- erweiterbares Fühlbuch mit austauschbaren Seiten
- leichte Handhabung durch vertrautes Bewegungsmuster
- Fühlobjekt mit hohem Aufforderungscharakter

geeignet für:

- Menschen mit Demenz
- Menschen mit Sehbehinderung
- Bettlägerige
- alle Senioren, die sonst gern in Zeitschriften oder Fotoalben blättern

spezifischer Nutzen für Bewohner:

- einem Fotoalbum ähnlich, in gewohntem Format
- kann zusammen mit der Begleitperson, gemeinsam mit anderen Bewohnern oder auch alleine benutzt werden

spezifischer Nutzen für Betreuungsperson:

- intensiv kommunikationsanregendes Fühlobjekt
- kann je nach Gestaltung der Buchseiten gezielt eingesetzt werden, um Gespräche und Erinnerungen auf ein bestimmtes Thema zu lenken
- jederzeit erweiterbar
- gut geeignet für Kleingruppen mit 2 bis 4 Personen

Empfehlung für die Vorgehensweise:

- Das Fühlbuch kann in Abschnitten gefertigt werden. Jeweils zwei Seiten ergeben ein Blatt.
- Schneiden Sie die Stoffe ruhig etwas großzügig zu, so ist es leichter, das Vlies sauber aufzubügeln.
- Verwenden Sie Klammern statt Stecknadeln, denn zwei Lagen Schabrackenvlies plus zwei Lagen Stoff plus vier Lagen Schrägband sind schon ganz schön dick … und die versteiften Seiten werden sich unweigerlich biegen. Mit Klammern dagegen bleibt der Stoff flach liegen.
- Für das Zusammennähen der versteiften Buchseiten in Arbeitsschritt 4 bietet es sich an, eine Jeansnadel zu verwenden.
- Experimentieren Sie ruhig auch mit anderen Formen und Formaten. Sehr ansprechend und gut zu handhaben ist ein Seitenformat von 16 cm Breite und 32 cm Höhe.

Durchführung:

1. Materialien vorbereiten

- Schablone aus Pappe in 32 cm x 32 cm herstellen.
- Schabrackenvlies genau und Stoffe großzügig zuschneiden (am Ende brauchen Sie die gleiche Anzahl Schabrackenvlies wie Stoffe).

2. Buchseiten zusammenstellen

a) Schabrackenvlies nach Herstellerangaben auf den Stoff aufbügeln, auskühlen lassen. Überstehenden Stoff abschneiden.
b) Die gewünschten Seitenkombinationen zusammenstellen, passendes Schrägband aussuchen und zuschneiden.
c) Abstände festlegen, an denen die Schlaufen für die Taschenringe angebracht werden (Beispiel: Abstand von oben 2 cm / 11 cm / 21 cm / 30 cm) und markieren.

3. Seiten gestalten

a) Stickband für die Titelseite zuschneiden. Buchstabenknöpfe von Hand auf das Stickband nähen. Das Band auf der Titelseite festnähen.

Zierknopf für den Verschluss an der gewünschten Stelle anbringen. Für den Verschluss das kurze Stück Stickband (C) an der Schmalseite einketteln. Spitze formen: Band mittig rechts auf rechts zusammenfalten. Schmal absteppen, ausbügeln. Unterhalb der Spitze mittig Knopfloch passend zum Zierknopf auf der Titelseite fertigen.

b) Accessoires für jede Seite zusammenstellen, probeweise auflegen, Position markieren.
c) Knöpfe und Ringe für die abnehmbaren Teile festnähen, Applikationen und Bordüren anbringen.
d) Andere Kleingegenstände nach Gefallen auf den Seiten gegebenenfalls von Hand festnähen, dabei außen immer mindestens 2 cm Rand freihalten. Diesen Platz brauchen Sie, um die Seiten mit dem Schrägband einzufassen.

4. Seiten miteinander verbinden

a) Die Innenseiten aufeinanderlegen, mit Klammern fixieren. Vom Schrägband (A) 32 cm für die Schlaufen abschneiden und das lange Band, wie auf der Skizze dargestellt, an der Seite ansetzen, an der auch die Schlaufen für die Taschenringe angebracht werden (so haben Sie später rundherum nur schöne Einfassungen). Festklemmen.

Abb. 3.8-2 Fühlbuch Verschlussband

Abb. 3.8-3 Fühlbuch Schlaufen

b) Das Schrägband für die Schlaufen (B) zuerst an der offenen langen Seite absteppen, dann zuschneiden. An den vorgesehenen Stellen die Enden vorsichtig unter das Einfassungsband schieben und festklemmen.
   Bei der letzten Seite nicht vergessen, das Stickband (C) für den Verschluss an der abgemessenen Stelle einzuarbeiten. Hierfür die Schmalseite des Bandes ebenfalls unter das Schrägband schieben und festklemmen (siehe Skizze).
c) Schrägband festnähen und in einem Arbeitsgang die Buchseiten miteinander verbinden und die Schlaufen fixieren – etwas knifflig, aber es geht! Es kann hilfreich sein, die Schlaufen mit einer Pinzette festzuhalten, während man sie unter den Nähfuß schiebt.
   Für einen sauberen Abschluss das Schrägbandende nach innen einschlagen und etwas über den Anfang hinaus festnähen (siehe Skizze).

5. Fühlbuch fertigstellen

Alle Seiten in der gewünschten Reihenfolge aufeinanderlegen und die Taschenringe durchfädeln.

Abb. 3.8-4 Fühlbuch: gestaltete Seiten

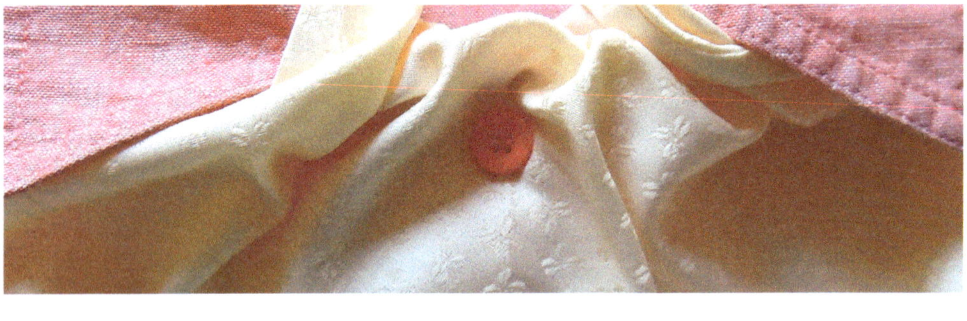

3.9 Die XXL-Knöpfserviette mit Etui

Fertige Größe Serviette:
79 cm x 79 cm
Fertige Größe verschlossenes Etui:
22 cm breit x 14 cm hoch

Schwierigkeitsgrad: leicht

Materialliste

Für die Serviette:

- 82 cm x 82 cm schöner Serviettenstoff/Tischdeckenstoff in weiß oder creme, zum Beispiel Damast (sollte auf jeden Fall bei 60 °C waschbar sein und bleichehaltiges Vollwaschmittel tolerieren)

Für das Etui:

- 40 cm x 25 cm Innenstoff (gleich wie Serviettenstoff)
- 40 cm x 25 cm Außenstoff aus Baumwolle oder Leinen, sollte ebenfalls bei 60 °C mit (bleichehaltigem) Vollwaschmittel waschbar sein
- 36 cm x 22 cm aufbügelbares Verstärkungsvlies (beispielsweise Vlieseline H250)

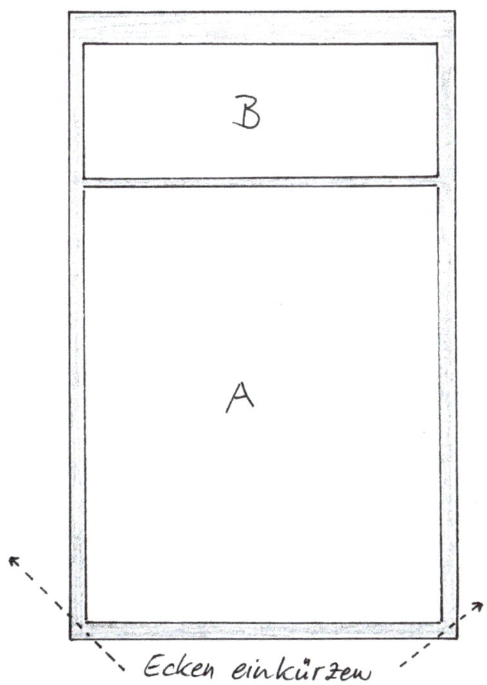

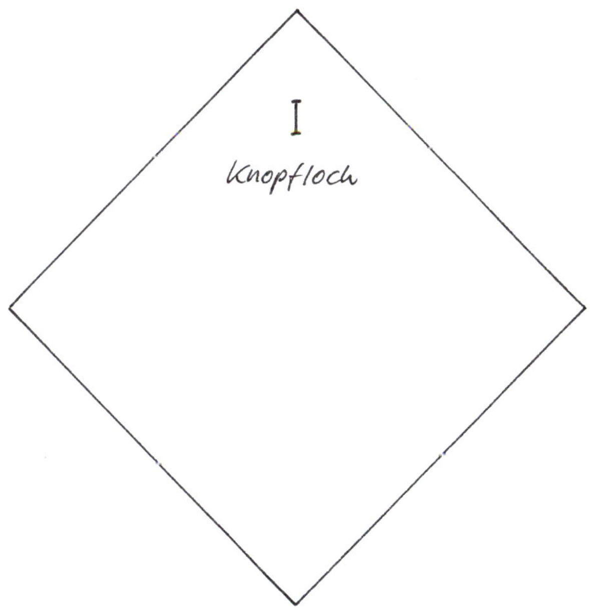

Abb. 3.9-1 Skizze XXL-Knöpfserviette

Besonderheit:
- dezenter Kleiderschutz aus schönem Serviettenstoff
- extra großes Format, bedeckt zugleich Oberkörper und Schoß
- an Hemd oder Bluse einknöpfbar (verrutscht nicht)
- im Etui kann die (verschmutzte) Serviette verstaut werden

geeignet für:
- alle Menschen, die auf einen Kleiderschutz beim Essen und/oder Trinken nicht verzichten wollen
- den alltäglichen Gebrauch, besonders aber für Feste und andere Gelegenheiten, bei denen auswärts gespeist wird
- bei Essen in fremder Gesellschaft

spezifischer Nutzen für Bewohner:
- schützt die Würde des Nutzers
- Serviette fällt nicht auf und sichert Normalität im öffentlichen Raum
- eine Serviette bedeckt gleichzeitig den ganzen Oberkörper und Schoß
- Serviette kann nach Gebrauch im Etui verstaut werden

spezifischer Nutzen für Betreuungsperson:
- Serviette passt in jede (Hand-)Tasche und kann überall mitgenommen werden
- individuelles Etui, je nach Ausfertigung auch mit Monogramm oder Namen, sichert die korrekte Zuordnung der Serviette zur Person
- auch als Begleitperson fällt man in der Öffentlichkeit nicht auf

Empfehlung für die Vorgehensweise:

- Bei häufigem Gebrauch ist es sinnvoll, pro Person je zwei Etuis und zwei bis drei Servietten anzufertigen.

Durchführung:

1. Materialien vorbereiten

a) Schneiden Sie die Servietten und Etuistoffe nach angegebenen Maßen zu.

b) Das Vlies teilen Sie in zwei Stücke: für das Taschenfach (A) 28 cm x 22 cm und für die Klappe (B) 8 cm x 22 cm.

2. Serviette nähen

a) Bügeln Sie an allen vier Seiten einen schmalen doppelten Saum von 0,75 cm.

b) Saum absteppen.

c) Messen Sie von einer beliebigen Ecke 18 cm diagonal nach innen und fertigen Sie ein Knopfloch mit 1,5 cm Länge an. (Das sollte für die meisten Hemd- und Blusenknöpfe reichen.)

3. Etui anfertigen

a) Bügeln Sie den Außenstoff glatt und legen Sie ihn mit der rechten Seite nach unten auf das Bügelbrett.

b) Legen Sie das größere Stück Vlies so auf die linke Seite des Stoffes, dass jeweils 1,5 cm Rand zur Stoffkante frei bleiben (Tasche).

c) Legen Sie das kleinere Stück so, dass rechts und links je 1,5 cm und nach oben (Klappe) 2 cm zur Stoffkante frei bleiben.

d) Zwischen den Vliesstücken soll ein schmaler Spalt frei bleiben (das wird später der Knick für die Klappe des Etuis). Fixieren Sie das Vlies durch Aufbügeln nach Herstellerangaben und lassen Sie es ganz auskühlen. Möchten Sie ein Monogramm aufsticken oder Zierborten anbringen, ist jetzt der geeignete Zeitpunkt dafür. Sie können sich bereits gut vorstellen, an welcher Stelle die Verzierungen später zu sehen sein werden.

e) Legen Sie nun den Innen- und Außenstoff rechts auf rechts aufeinander und stecken die Stofflagen zusammen, damit nichts mehr verrutscht.

f) Nähen Sie mit einem Abstand von 0,5 cm zum aufgebügelten Vlies in der Nahtzugabe die rechte Seite, genau entlang des Vlieses die untere Seite und wieder mit einem Abstand von 0,5 cm zum Vlies in der Nahtzugabe die linke Seite entlang.

g) Nehmen Sie das Etui aus der Maschine, kürzen Sie (ohne die Naht zu verletzen!) die beiden unteren Ecken diagonal ein bisschen ein und wenden die Tasche.

h) Ziehen Sie evtl. unter Zuhilfenahme einer Nadel die Ecken sauber heraus und bügeln die Kanten glatt. An der Wendeöffnung bügeln Sie die Stoffkante erst am Vlies entlang nach innen, dann den Innenstoff ebenfalls in gleicher Breite (2 cm).

i) Jetzt sollten beide Saumkanten genau aufeinanderliegen. Feststecken und schmalkantig absteppen.

j) In dem vliesfreien Spalt den Klappen-Knick bügeln und die Tasche an den Seiten verschließen. Klappen Sie die Unterkante des Etuis nach oben, halten Sie einen Abstand von ca. 1 cm zum Klappen-Knick und fixieren Sie die entstandene Falte durch Bügeln. Nähen Sie zuletzt die Seiten so knapp wie möglich zusammen.

Abb. 3.9-2 eingeknöpfte Serviette

Abb. 3.9-3 Etui

3.10 Die Stofftasche für Katheterträger

Fertige Größe ohne Tragriemen:
24,5 cm breit x 34,5 cm lang

Schwierigkeitsgrad: mittel

Materialliste

Für einen Katheterbeutel mit 2.000 ml Fassungsvermögen, Größe: 20 cm x 28 cm, Schlauchansatz an der Schmalseite

- 1 x Stoff für die Tasche 51 cm x 41 cm (A)
- 1 x aufbügelbares Verstärkungsvlies (zum Beispiel Vlieseline H250) 51 cm x 5 cm (B)
- 4 x Stoffstreifen für Trageriemen außen 55 cm x 4,5 cm (C)
- 2 x Stoffstreifen für Trageriemen innen 48 cm x 4,5 cm (D)
- 1 x Stoffstreifen für Verschluss (E) und Schlitz (F) 34 cm x 4,5 cm
- 3 Knöpfe 18 mm Durchmesser
- 2 Druckknöpfe 18 mm Durchmesser
- Schrägbandformer 25 mm

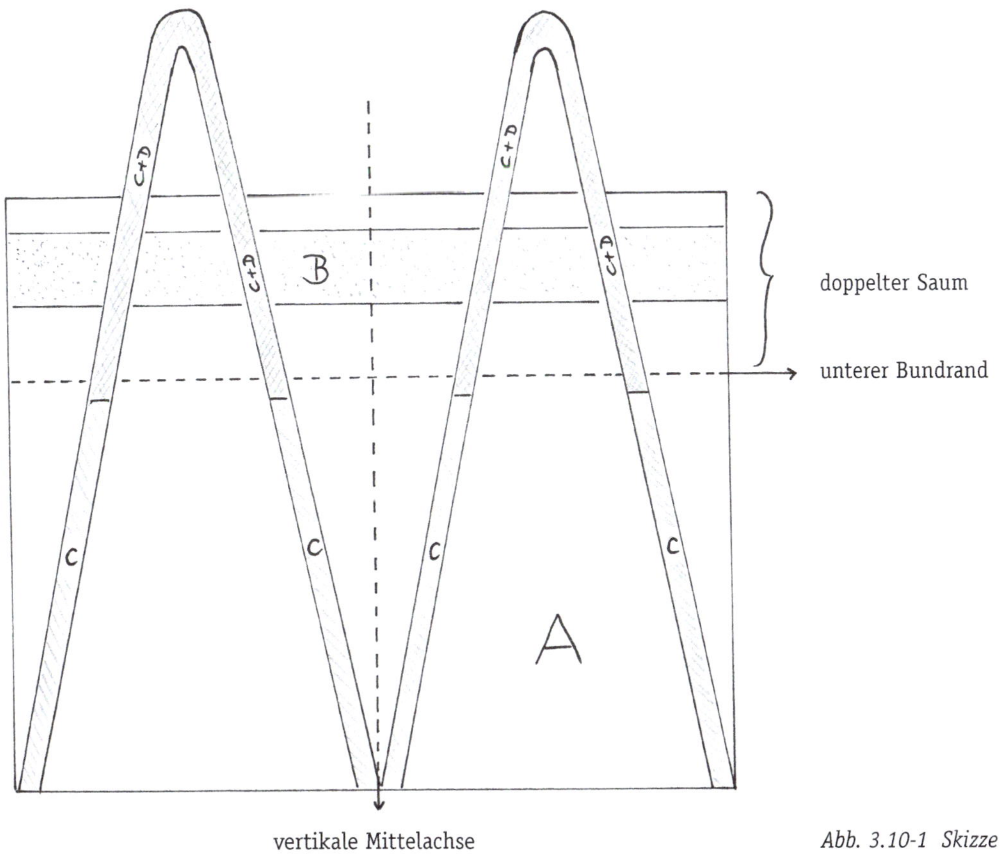

Abb. 3.10-1 Skizze Stofftasche für Katheterbeutel

Besonderheit:
- unauffälliges Design
- mit Auslassschlitz für Katheterschlauch
- sicherer Verschluss der Taschenöffnung durch versteckte Druckknöpfe (man kann nicht hineinsehen, auch wenn der Katheterbeutel gefüllt ist)
- längenvariable Trageriemen mit Knöpfen zur rutschsicheren Befestigung der Tasche an Rollator oder Rollstuhl

geeignet für:
- Menschen, die auf einen Katheter angewiesen sind, der nicht direkt am Körper (z. B. am Bein) getragen wird

spezifischer Nutzen für Bewohner:
- Schutz vor neugierigen Blicken fremder Personen
- Vermeidung von Schamgefühl
- Schutz der Würde
- einfache Handhabung

spezifischer Nutzen für Betreuungsperson:
- schnelle und einfache Handhabung
- gutes Gefühl bei der Begleitung der inkontinenten Person in der Öffentlichkeit

Empfehlung für die Vorgehensweise:

- Bitte passen Sie den Zuschnitt (und damit gegebenenfalls auch die benötigte Stoffmenge) der Tasche den Abmessungen des Katheterbeutels Ihres Betreuten an. Leider kann ich Ihnen keine allgemeingültige Vorlage anbieten, dafür gibt es einfach viel zu viele verschiedene Modelle …
- Aus hygienischen Gründen sollten Sie für die Tasche aber auf jeden Fall einen Stoff auswählen, den Sie bei Bedarf mit bleichehaltigem Vollwaschmittel bei 60 °C waschen können. Gut geeignet sind zum Beispiel Geschirrtücher aus Baumwolle, Halbleinen oder Leinen. Inzwischen gibt es diese ja mit hübschen Mustern, denen man ihren ursprünglichen Verwendungszweck später nicht mehr ansieht. Neue Tücher am besten erst heiß waschen, sie gehen manchmal etwas ein.

Durchführung:

1. Materialien vorbereiten

a) Falls Sie ein Geschirrtuch verwenden, schneiden Sie rundherum den Saum ab (Pflegeetikett ggf. aufheben und später an geeigneter Stelle wieder annähen) und bügeln Sie das Tuch glatt. Schneiden Sie entsprechend der Angaben oder entsprechend Ihrer eigenen Abmessungen den Stoff zu.

b) Führen Sie alle 4,5 cm breiten Stoffstreifen durch den Schrägbandformer. Falls Ihnen dieses Gerät nicht zur Verfügung steht, bügeln Sie an allen Stoffstreifen entlang der langen Kanten einen einfachen Saum von 1 cm Breite nach innen um (einketteln nicht nötig!).

c) Markieren Sie die vertikale Mittelachse der Tasche, indem Sie den Stoff (A) links auf links an den Schmalseiten zusammenlegen und die Falte bügeln.

2. Taschenbund fertigen und Trageriemen anbringen

a) Verstärkungsvlies (B) mit 2 cm Abstand parallel zur oberen Stoffkante auf die linke Seite des Taschenstoffs legen (siehe Skizze) und nach Herstellerangaben mit dem Bügeleisen fixieren. Auskühlen lassen.

b) 2 cm breiten Saum am Verstärkungsvlies entlang nach innen umbügeln. Entlang des Verstärkungsvlieses den Stoff nochmals umbügeln, es ist ein 5 cm breiter doppelter Saum entstanden. Diesen mit zwei Nähten entlang der Umbruchkanten schmal absteppen.

c) Jeweils zwei äußere Tragriemen (C) zu einem ca. 110 cm langen Band zusammennähen.

d) Mitte der inneren Tragriemen (D) markieren. Markierung links auf links auf die Nahtstelle der äußeren Tragriemen legen und beide Bänder schmalkantig zusammennähen.

e) Den Taschenstoff mit der rechten Seite nach oben auf dem Tisch ausbreiten, die langen Tragriemen gleichmäßig diagonal auflegen. An den Außenseiten unten ansetzen, dabei die Nahtzugabe von 0,75 cm berücksichtigen, am Bund auf gleiche Abstände achten. Wenn alles passt, Riemen feststecken und schmalkantig über die ganze Taschenlänge festnähen (siehe Skizze).

f) Den unteren Rand der Tasche begradigen und die drei verbleibenden offenen Seiten erst einketteln, dann füßchenbreit absteppen. Wenden und ausbügeln.

3. Schlitz und Verschlüsse fertigen

a) Auf einer Taschenseite genau in der Mitte rechtwinklig den Bund 7 cm tief einschneiden. Verbleibenden Stoffstreifen bei ca. 16 cm abschneiden, längs zusammenfalten und mit diesem Band (F) den Schlitz einfassen.

b) Aus dem restlichen Stoffstreifen (E) eine Verschlusslasche herstellen. Dafür das Band zur Hälfte zusammenfalten, die Enden der schmalen Seiten 0,5 cm nach innen umschlagen und die offenen Seiten schmalkantig absteppen.

c) An einem Ende des Verschlussstreifens (E) ein Knopfloch einarbeiten.

d) Das andere Ende mittig über den Schlitz legen, feststecken und mit einer Rechtecknaht befestigen (siehe Skizze).

e) Auf der gleichen Taschenseite, an der sich der Schlitz befindet, am Tragriemen (C+D) rechts und links jeweils mit 9 cm Abstand zum Bundrand ein Knopfloch arbeiten.

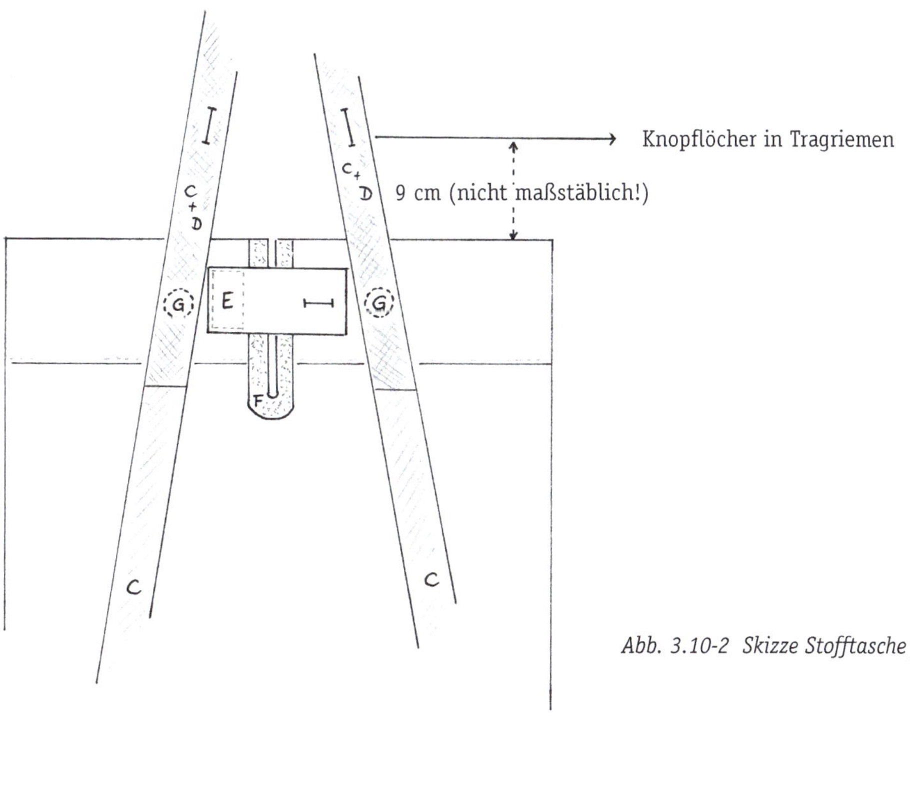

Abb. 3.10-2 Skizze Stofftasche für Katheterträger Verschluss

4. Tasche fertigstellen

a) Knöpfe auf der Innenseite der Tragriemen annähen.
b) Knopf für die Verschlusslasche am Taschenbund annähen.
c) Druckknöpfe (G) für inneren Verschluss am Taschenbund anbringen. Dafür jeweils in der Mitte des Bundes eine Markierung zwischen den Nähten der Tragriemen anbringen und nach Außen unsichtbar von Hand annähen.

Abb. 3.10-3 Tasche Detail Verschluss

Abb. 3.10-4 Tasche Detail Druckknöpfe

3.11 Sonnenbilder gestalten – Schritt für Schritt

Materialliste

- mittelfeste Pflanzenblätter ❾ wie zum Beispiel von Pfefferminze, Melisse, Salbei, Kartoffel, Holunder, Thymian, Oregano, Pimpinelle, Gundermann, Schafgarbe, Bohnenkraut, Gänsefingerkraut, junge Blätter von Apfel, Wein, Himbeere, Rose, Buche, Ahorn, Haselnuss etc. (Sind die Blätter zu dünn, trocknen sie zu schnell und die feinen Blattstrukturen bilden sich nicht besonders deutlich ab. Sind die Blätter zu dick oder zu steif, wie beispielsweise von Efeu, Lorbeer, Farn, Eiche, Weide, liegen sie nicht dicht genug auf dem Stoff auf und die Konturen bleiben verschwommen.)
- Blumenpresse ❼ oder alte Zeitungen, Telefonbücher oder Ähnliches
- Seidenmalfarben ⓬ (zum Beispiel von Javana oder Marabu)
  Je dunkler die Farbe, umso deutlicher bilden sich die feinen Konturen der Blattadern ab. Möchten Sie dennoch helle Farben (gelb, hellgrün, hellrot) verwenden, mischen Sie ein paar Tropfen aubergine, dunkelblau, dunkelbraun oder schwarz dazu. Auch Farbverläufe bringen schöne Effekte.
- flache Schale für Wasser (glasierter Ton-Untersetzter) ❻
- Glas oder Becher zum Auswaschen der Pinsel ❷
- Schwamm zum Befeuchten der Stoffe ❻ (auch zum Auftragen der Farbe, wenn jemand den Pinsel nicht greifen kann → dann auch zum Schutz der Hände und Fingernägel Einmalhandschuhe verwenden)
- breite Haar- oder Borstenpinsel (Größe 14 bis 24) ❹ und Schwammpinsel ❽
- wasserfeste Unterlage (Wachstuchtischdecke oder/und Schneidematten ⓫ aus dünnem Kunststoff, zum Beispiel vom Discounter)
- alte Lappen zum Abtupfen der Pinsel ❺
- heller Baumwollstoff ❿, gewaschen und gebügelt (Neue Stoffe sind zumeist behandelt und nehmen die Farben nicht richtig an. Falten zeichnen sich später auf dem Bild ab, übrigens auch Knicke der Tischdecke, wenn diese als Unterlage zum Trocknen in der Sonne genutzt wird!)
- Kleiderschutz (Seidenmalfarbe lässt sich vor dem Fixieren relativ gut auswaschen.)

Schwierigkeitsgrad: leicht

Besonderheit:
- detailgenauer Negativabdruck von Blättern und Blüten auf hellen Baumwollstoffen
- Herstellung der Bilder in drei Teilschritten (Pflanzen sammeln und pressen – Bilder anfertigen – Farben fixieren)

geeignet für:
- Senioren mit Freude am Umgang mit Blättern, Blumen und Pflanzen
- Senioren mit Freude am Gestalten mit Textilien und Farbe
- Menschen mit und ohne geistige und/oder körperliche Einschränkungen

spezifischer Nutzen für Senioren:
- Erleben von Freude und Selbstwirksamkeit
- Stärkung des Selbstbewusstseins
- kreativer Ausdruck mit natürlichen Materialien
- vielseitige Weiterverwendung der Bilder ermöglicht, sich im Gestalteten wiederzufinden

spezifischer Nutzen für Betreuungsperson:
- immer gute Ergebnisse, keine Vorkenntnisse nötig
- wenig Vorbereitungsaufwand
- gezielt biografisches Arbeiten möglich, durch die Berücksichtigung persönlicher Präferenzen der betreuten Person bei der Auswahl von Farben und Pflanzen
- vielfältige Möglichkeiten für weitere Aktivitäten bei der Weiterverarbeitung der Sonnenbilder (siehe Kapitel 1.2)

Abb. 3.11-1 Materialien Sonnenbilder

Empfehlung für die Vorgehensweise:

- Sonnenbilder gelingen nur an warmen Tagen mit Sonnenschein.
- Die Senioren können, bei Verwendung von Schneidematten als Unterlage, trotzdem im Haus oder im Schatten arbeiten.
- Zum Trocknen der Bilder benötigen Sie eine windgeschützte Stelle unter praller Sonne.
- Blätter und Blüten vor der Verwendung mindestens einen, besser zwei Tage zwischen Zeitungspapier oder in einer Blumenpresse glätten.
- Spezialeffekte erzielt man mit Salz ❸, Glassteinen ⓭, Reis, Linsen, Bleiband, aber auch mit Schablonen ❶ aus Kunststoff und Streuteilen aus Holz oder Filz.

Durchführung:

1. Gesammelte Blätter pressen

Arrangieren Sie die gesammelten Blätter großzügig in der Blumenpresse, zwischen Zeitungslagen oder in einem ausgedienten Telefonbuch. Beschweren Sie die Papierstapel für ein bis zwei Tage mit Büchern. (Sollte es passieren, dass Sie nicht rechtzeitig dazu kommen, die Sonnenbilder zu machen, sind die Blätter trotzdem noch für diesen Zweck verwendbar. Ganz durchgetrocknete Blätter legen Sie für ca. 15 bis 30 Minuten in eine Schüssel mit lauwarmem Wasser, dann sind sie wieder einsatzbereit.)

2. Stoff vorbereiten

a) Gewaschenen Stoff aus heller Baumwolle in der gewünschten Größe zuschneiden oder reißen, dann gründlich bügeln. Falten bleiben später sichtbar.

b) Stoff auf eine Kunststoff-Schneidematte legen, nach Bedarf mit Wäscheklammern oder besser Stoffklammern (zum Beispiel von Clover) fixieren.

3. Bilder anfertigen

a) Stoff mit einem Schwamm auf der Fläche mit etwas Wasser benetzen, die eingefärbt werden soll.

Abb. 3.11-2 Stoff befeuchten

b) Seidenmalfarbe mit einem Pinsel (oder mit einem Schwammpinsel bzw. Schwämmchen) auftragen.

Abb. 3.11-3 Farbe auftragen

c) Gepresste Blätter auf dem eingefärbten Stoff dekorativ auflegen (Blattrippen nach unten).

Abb. 3.11-4 Blätter arrangieren

d) Nach Wunsch für zusätzliche Effekte weitere Materialien aufbringen, zum Beispiel Salz, Linsen, Reis, Deko-Glassteine, Bleiband, Streuteile aus Holz oder Filz, u. v. a. – lassen Sie Ihrer Experimentierfreude freien Lauf. Das Prinzip der Bildentstehung ist eigentlich recht einfach: Der Stoff unter den Blättern, oder eben unter den anderen Materialien, trocknet in der Sonne langsamer als in der unmittelbaren Umgebung. Der bereits abgetrocknete Stoff zieht die verbleibende Feuchtigkeit einschließlich der Farbpigmente nach. So ergibt sich das Negativ-Abbild. Salz bringt besonders dynamische Effekte.

Abb. 3.11-5 Glassteine auflegen

Abb. 3.11-6 Salz aufstreuen

e) Drücken Sie vorsichtig mit einem Schwämmchen die Blätter nochmals fest auf die Unterlage, legen Sie ein besonderes Augenmerk auf die Blattränder. Es ist unvermeidlich, dass sich dabei die Farbe etwas vermischt, das macht aber nichts. Später werden Sie es kaum bemerken.

Abb. 3.11-7 Blätter andrücken

f) Legen Sie den Stoff einschließlich der Plastikunterlage an eine windgeschützte(!) Stelle und lassen Sie das Bild in der prallen Sonne trocknen. Haben Sie keine Schneidematten, legen Sie die Bilder auf eine Plastiktischdecke. Je nach Sonnenintensität und Farbe kann es passieren, dass die Unterlage sich ebenfalls leicht einfärbt und der Abdruck sich später nicht mehr ganz entfernen lässt. Deshalb die Bilder nie direkt auf einem guten Tisch oder Boden auslegen!

Abb. 3.11-8 Bild trocknen

g) Je nach Außentemperatur und Durchfeuchtung ist das Bild schon nach 45 bis 60 Minuten fertig. Dann können Sie die Blätter vorsichtig abziehen und wegwerfen. Alle anderen Materialien (Salz, Linsen etc.) können immer wieder verwendet werden!

Abb. 3.11-9 fertiges Bild

Abb. 3.11-10 Tischläufer

4. Bilder fertigstellen

a) Farbe nach Angaben des Herstellers durch Bügeln fixieren.
b) Nach Wunsch weiterverarbeiten (wie im Fotobeispiel zu einem Tischläufer) oder einfach nur einrahmen.

Die Idee zu dieser Technik stammt übrigens von Schwester Adalbertis Kula, Kongregation der Schwestern der Christlichen Liebe (vgl.: Landlust 2013).

Nachwort

Der alte Mensch im Mittelpunkt der Aufmerksamkeit und im Zentrum des Handelns. Das ist ein großes Ziel. Manchmal scheint es unerreichbar, wenn man sich vor Augen führt, welchen Anforderungen diejenigen unterworfen sind, die oft unter erschwerten Bedingungen tagtäglich in einer Einrichtung ihren Dienst tun. Dass es trotz allem möglich ist, zeigen die Erfahrungen, die in diesem Buch niedergeschrieben wurden. Entscheidend dafür sind wohl vier Gedanken, die sich auch in der »Ethischen Leitlinie« wiederfinden, die Umsetzungshilfen für werteorientiertes Handeln in der Hauswirtschaft formuliert (vgl.: dgh 2017). Darin heißt es: »Hauswirtschaftliches Handeln ist wertschätzend.« (Leitsatz 2) Dieser Gedanke wird in einem Zitat von Albert Schweizer unterstrichen: »Die Ethik der Ehrfurcht vor dem Leben begreift also alles in sich, was als Liebe, Hingabe, Mitleiden, Mitfreude und Mitstreben bezeichnet werden kann.« Wer sich also ein offenes Herz bewahrt, das empfindsam ist für den Menschen, der ihm gerade gegenübersteht, und wer den Mut findet, sich ein Herz zu fassen, um angemessen zu handeln, wird nicht in die Irre gehen.

Wertschätzung der Person drückt sich jedoch nicht nur in Empathie aus. »Hauswirtschaftliches Handeln gewährleistet Wahlfreiheit, Teilhabe und Beteiligung.« (Leitsatz 3) Gerade in einem durchorganisierten Lebensumfeld, in einer von Dienstplänen, Aktivitätsangeboten und strukturellen Vorgaben geprägten Umgebung, ist die Gefahr groß, dass ein alter Mensch in seiner Individualität untergeht. Aber, so sagt es John Stuart Mill: »Die Menschheit fährt besser, wenn sie jedem so zu leben gestattet, wie es ihm gutdünkt, als wenn sie jeden zwingt, nach Gutdünken der anderen zu leben.« Wer sich also ein offenes Ohr und wachsame Augen bewahrt, die auch verhaltene Signale wahrnehmen, und wer dann, gemeinsam mit dem alten Menschen, nach Wegen sucht, die es ihm ermöglichen, seine Vorstellungen von Leben im Alltag umzusetzen, wird nicht in die Irre gehen.

Manchmal muss man Gegebenheiten hinterfragen, muss Abläufe ändern und Neues wagen. Nur so kann Stillstand vermieden und Eintönigkeit verhindert werden. Deshalb kann man gut und gern behaupten: »Hauswirtschaftliches Handeln fördert Lebensqualität und Glück.« (Leitsatz 4) Oder, um es mit den Worten von Wilhelm Schmid zu sagen: »Nur wo Sinn erfahrbar ist, dort ist Glück die Folge.« Wer sich also ein Gespür dafür bewahrt, dass Zeit nach Erfüllung sucht und der Mensch, ganz gleich an welchem Ort und in welcher Verfassung er auch sein mag, nach Glück strebt und einen Sinn im Leben braucht, wer sich darum bemüht, die Lebensqualität der Senioren hoch zu halten und stets zu verbessern, wird nicht in die Irre gehen.

Es müssen nicht immer große Veränderungen sein, die eine wesentliche Verbesserung der Lebensumstände herbeiführen. Zuweilen sind es gerade die kleinen Dinge, auf die es ankommt. »Hauswirtschaftliches Handeln orientiert sich an den neuesten Erkenntnissen.« (Leitsatz 5) Die Welt bleibt nicht stehen, alles ist im Fluss und erfordert Flexibilität sowohl im Denken als auch im Handeln. Immanuel Kant ermutigt uns:» Habe den Mut, dich deines eigenen Verstandes zu bedienen.« Wer also bereit ist, sein eigenes Tun immer wieder zu überprüfen, wer mit wachem Verstand beobachtet und seine Schlüsse daraus zieht, wer bereit ist mit sachlichen Argumenten einen neuen Weg einzuschlagen, wird nicht in die Irre gehen. – Und wenn doch? Dann dürfen wir uns an ein Zitat von Kurt Marti erinnern: »Wo kämen wir hin, wenn alle sagten, wo kämen wir hin, und niemand ginge, um einmal zu schauen, wohin man käme, wenn man ginge.«

Der alte Mensch im Mittelpunkt der Aufmerksamkeit und im Zentrum des Handelns. Ja, es ist wirklich ein großes Ziel. Aber es ist erreichbar, wenn man jeden Tag aufs Neue versucht, sich bewusst zu machen, wie kostbar das Leben und wie einmalig jeder Mensch ist. »Jeder Mensch« – das sind all diejenigen, die in Einrichtungen oder Privathaushalten auf Hilfe und Unterstützung angewiesen sind und dort betreut und versorgt werden. Und es sind all jene, die diese Verantwortung und Sorge übernehmen, beruflich oder ehrenamtlich. Deshalb ist es unerlässlich, den hilfebedürftigen Menschen in den Blick zu nehmen und in gleichem Maße auf das Wohl der Begleitpersonen zu achten.

Christen haben sich zu allen Zeiten die Sorge um die Kranken, Schwachen und Bedürftigen zur Aufgabe gemacht. Jesus gibt im Neuen Testament einen einfachen Rat, ein einprägsames Wort mit auf den Weg: » Alles nun, was ihr wollt, was euch die Leute tun sollen, das tut ihnen auch.« (Mt. 7,12) Lange Zeit vor ihm hat bereits Tobias im Alten Testament geschrieben: »Was du nicht willst, das man dir tu, das füg auch keinem andern zu.« (Tobias 4,16) Dieser Satz gilt als eine große kulturverbindende ethische Weisheit, auf die sich alle Menschen einigen können und sie ist eine gute Richtschnur für unser gesellschaftliches Miteinander.

Der alte Mensch im Mittelpunkt der Aufmerksamkeit und im Zentrum des Handelns. Es ist ein großes Ziel, für das sich auch meine Hausfrau seit langen Jahren mit viel Engagement und großer Leidenschaft einsetzt. Dafür danke ich ihr an dieser Stelle. Sie hat in diesem Buch viele ihrer Ideen und Gedanken niedergeschrieben, die Ihnen, den Leser*innen, eine Hilfe im Alltag und eine Inspiration für Ihre Tätigkeit sein möge. Lassen Sie sich anstecken von der Freude am Ausprobieren neuer Wege, vertrauen Sie Ihrer Fantasie und Kreativität, schöpfen Sie Kraft in schönen Augenblicken gelungener Begegnung!

Das wünsche ich Ihnen, verbunden mit dem Dank für Ihren persönlichen Einsatz in der Begleitung von alten Menschen mit und ohne Demenz.

Pfarrer Manfred Ringmayr, Pfr. i. R.

Dank

Am Ende dieses Buches ist es mir ein Bedürfnis, Dank zu sagen.

Danke all den Senioren, die ich bisher begleiten durfte. Einblicke in ihr Leben, persönliche Gespräche und menschliche Begegnungen haben die Gedanken zu diesem Buch und die Entwicklung der Fühlobjekte grundgelegt.

Danke meiner ehemaligen Kursleitung Frau Anna Streller-Holzner, sie hat mir während der beruflichen Weiterbildung zur Geprüften Fachhauswirtschafterin viele wertvolle Gedanken mitgegeben, die sich teilweise in diesem Buch wiederfinden (z. B. die Idee der XXL-Knöpfserviette) und noch heute meine tägliche Arbeit prägen.

Herzlichen Dank an Frau Dr. Martina Kliem, sie hat mich mit Rat und Tat beim Schreiben begleitet, und an Herrn Robert Baumann, mit ihm ist die Idee zu diesem Buch entstanden.

Und nicht zuletzt herzlichen Dank meinem Pfarrer, Manfred Ringmayr, er hat mich auf meinem persönlichen und beruflichen Weg stets unterstützt und gefördert. Für dieses Buch hat er die Fotos gemacht und war mir auch beim Schreiben zu jeder Zeit ein inspirierender Gesprächspartner, kritischer Berater und geduldiger Begleiter.

Zu guter Letzt …

… noch einmal Erich Kästner:

» *Während ich am Fenster saß und an meinem Buche schrieb, gingen die Jahreszeiten und die Monate durch den Garten. Manchmal klopften sie an die Scheibe, dann trat ich hinaus und unterhielt mich mit ihnen. Wir sprachen übers Wetter. Die Jahreszeiten lieben das Thema. Wir sprachen über die Schneeglöckchen und den späten Frost, über die erfrorenen Stachelbeeren und den dürftig blühenden Flieder, über die Rosen und den Regen. Gesprächsstoff gab es immer.*

Gestern klopfte der August ans Fenster. Er war vergnügt, schimpfte ein bißchen über den Juli, das tut er fast jedes Jahr, und hatte es eilig. Während er ein Radieschen aus dem Beete zog, bemäkelte er meine Bohnenblüten, seine Schuld sei es nicht, und lobte die Dahlien und die Tomaten. Dann biss er herzhaft in sein Radieschen, und spuckte es wieder aus. Es war holzig. »Probieren Sie ein anderes!« sagte ich. Doch da sprang er schon über den Zaun, und ich hörte nur noch, wie er rief: »Grüßen Sie den September! Er soll mich nicht blamieren!« »Ich werd's ausrichten!« rief ich zurück. Die Monate haben es eilig. Die Jahre haben es noch eiliger. Und die Jahrzehnte haben es am eiligsten. Nur die Erinnerungen haben Geduld mit uns. Besonders dann, wenn wir mit ihnen Geduld haben. «

aus: *Als ich ein kleiner Junge war*

4 Anhang

4.1 Hauswirtschaftlicher Biografiebogen

Persönliche, individuelle Begleitung eines Menschen ist nicht möglich, ohne Kenntnisse seiner Biografie. So viel ist sicher. Wie aber kommt man an die relevanten Daten? Und wie bleiben sie aktuell? Bedürfnisse verändern sich im Laufe der Zeit, Vorlieben und Abneigungen auch. Manches, was früher unabdingbar wichtig war, verliert möglicherweise eines Tages an Bedeutung. Vielleicht spricht man deshalb nicht umsonst von Biografie-Arbeit, denn als Begleitperson muss man stets aufmerksam sein für mögliche Veränderungen.

Von der Idee, Ihnen hier eine fertige Tabelle mit endlos vielen Fragen zu präsentieren, bin ich letztlich abgerückt, weil mir bewusst ist, dass jede Einrichtung andere Dokumentationssysteme verwendet, andere Wohn- und Lebenskonzepte hat, nach denen gearbeitet wird. Und die ganze Fragerei muss am Ende doch sinnvoll sein. Wie oft habe ich mich darüber geärgert, dass Daten erhoben werden, auf die später – aus den verschiedensten Gründen – niemand mehr zurückgreift. Beispielsweise werden Fragen zur Essatmosphäre gestellt, zu Ritualen und Essenszeiten. Wofür, wenn in einer stationären Einrichtung gar keine Möglichkeit gegeben ist, auf diese individuellen Gewohnheiten einzugehen, weil alles genau geregelt und zeitlich getaktet ist?

In einer häuslich geprägten kleinen Wohngemeinschaft ist das wieder ganz anders. Hier sind solche Angaben durchaus von Bedeutung, weil man viel besser darauf eingehen kann.

Nehmen wir die Sorge um eine wertschätzende und möglichst individualisierte Begleitung der alten Menschen ernst, kommen wir um die »Arbeit« an der Biografie also nicht herum. Um nun zweckmäßig einen Grundstock an relevanten Daten und Informationen zu erheben, nutzen Sie natürlich weiterhin Ihre hauseigenen Fragebögen – nur beim nächsten Mal vielleicht etwas bewusster als sonst? Finden Sie auch, dass manche vorgefertigte Frage wenig nützt, dagegen anderes überhaupt nicht vorkommt, das Sie für Ihre Arbeit aber wissen sollten? Konzepte und solche Fragebögen sind ja glücklicherweise nicht in Stein gemeißelt und lassen sich, gerade in Zeiten der digitalen Datenverarbeitung, jederzeit leicht anpassen. Sprechen Sie doch mit Ihren Kolleginnen im Team, mit der Hauswirtschafts-, Pflegedienst- und Einrichtungsleitung. Ein konstruktives Hinterfragen, ein Sich-Bewusst-Machen dessen, was zum Wohle der Bewohner getan (und in diesem Fall auch gefragt) wird, dient letztlich auch der eigenen Abeitszufriedenheit und damit einem guten Arbeitsklima. Genau definierte Erprobungsphasen können den Schritt zu solchen Veränderungen erleichtern.

Deutscher Caritasverband e. V. und Diakonisches Werk der Evangelischen Kirche in Deutschland e. V. (Hg.) (2009): **Wenn in sozialen Einrichtungen gekocht wird.** Die Leitlinie für eine gute Lebensmittelhygienepraxis in sozialen Einrichtungen. Freiburg im Breisgau: Lambertus Verlag

Deutsche Gesellschaft für Hauswirtschaft e. V. (Hg.) (2018): **Mahlzeiten wertschätzend gestalten.** Blicke über den Tellerrand verändern die Gemeinschaftsverpflegung. Freiburg im Breisgau: Lambertus Verlag

Deutscher Caritasverband e. V., Deutsche Gesellschaft für Hauswirtschaft e. V. und Diakonie Deutschland (Hg.) (2013): **Wäschepflege in sozialen Einrichtungen.** Leitlinie für das Wäschemanagement. Freiburg im Breisgau: Lambertus Verlag

Deutsche Gesellschaft für Hauswirtschaft e. V. (Hg.) (2017): **Werteorientiertes Handeln in der Hauswirtschaft.** Ethische Leitlinie und Umsetzungshilfen. Freiburg im Breisgau: Lambertus Verlag

Aber nun zurück zu den Fragen im Biografiebogen, die sinnvollerweise gestellt werden könnten. Ich habe zu verschiedenen Lebensbereichen einige Gedanken gesammelt, von denen vielleicht der eine oder andere den Weg in Ihren Fragenkatalog findet. Manches ist bei Ihnen mitunter schon längst üblich, anderes lässt sich aus strukturellen Gründen nicht umsetzen und wieder anderes bringt Sie auf neue, eigene Ideen. Möglicherweise müssen Sie sich in Hygienefragen nochmals rückversichern oder das Betreuungskonzept überarbeiten, aber davon sollten Sie sich nicht abschrecken lassen. Wenn Sie unsicher sind, sprechen Sie am besten mit Ihrer Hauswirtschaftsleitung, und wenn Sie sich selbst schlau machen wollen, können Sie in den entsprechenden Leitlinien, deren Titel Sie im Lesetipp auf Seite 133 finden, nachsehen. Wo ein Wille ist, ist auch ein Weg! Verstehen Sie die Fragensammlung bitte als Ideenpool und lassen Sie sich davon zu weiteren Gedanken inspirieren.

Am Ende jedes Fragenblocks findet sich eine Rubrik »besondere Dienstleistungen der Einrichtung«. Damit möchte ich auf zwei Dinge aufmerksam machen: Zum einen ist es für eine Einrichtung immer von Vorteil, wenn sie auf außergewöhnliche Betreuungsleistungen aufmerksam machen kann, die vielbeschworenen Alleinstellungsmerkmale. Zum anderen möchte ich damit zeigen, dass oft doch mehr machbar ist, als man zunächst meint. Diese, mit wenig Mehraufwand verbundenen Dienstleistungen schenken den alten Menschen mitunter ein Vielfaches an Lebensqualität. Das allein ist schon ein Grund darüber nachzudenken, ob in dieser Richtung etwas getan werden kann. Außerdem wirken sich diese Maßnahmen insgesamt positiv aus auf die Atmosphäre im Haus, auf das Personal und nicht zuletzt auf die An- und Zugehörigen. Eine gute Mundpropaganda wird folglich auch nicht ausbleiben.

Nachfolgend also ein paar Gedanken und Fragen zu den vorwiegend hauswirtschaftlichen Bereichen:

1. Ernährung und Verpflegung
2. Wäsche, Kleidung und Schuhe
3. Wohnen und Wohnungspflege
4. Alltags- und Milieugestaltung, Kommunikation

Den Bereich Pflege habe ich bewusst ausgeklammert, diesen haben die Pflegefachkräfte im Blick.

Wenn Sie jetzt noch der Empfehlung des MDS folgen wollen, richten Sie am besten ein Tablett mit einer Kanne Kaffee und zwei Tassen (Vielleicht gibt es auch noch ein Stückchen Kuchen dazu?), gehen zu Ihrem Bewohner und machen es sich für die Fragestunde bei ihm gemütlich … So macht arbeiten doch Freude!

Praxistipp zur Pflegeplanung

»Die Darstellung des schriftlichen Pflegeprozesses wird teilweise in der Pflegepraxis kritisch beurteilt: Wir ›pflegen‹ lieber und nutzen die Zeit ›am Pflegebedürftigen‹. Warum haben Pflegende das Gefühl, wenn sie Pflegeplanungen schreiben, würden sie nicht pflegen und wären dem Pflegegeschehen entrückt? Fragt man dann bei den Pflegenden nach, wo und wie sie Pflegeplanungen verfassen und schreiben, zeigt sich, dass sie wirklich der Pflegesituation und dem Pflegebedürftigen entrückt sind. Pflegeplanungen werden häufig zu Hause oder in einsamen Büroräumen erstellt, der Pflegebedürftige ist dabei nicht anwesend. Der Pflegende muss sich die ganze Zeit den Pflegebedürftigen visualisieren, um daraus Maßnahmen ableiten zu können. Er formuliert womöglich Ziele, die nicht im Einklang mit dem Pflegebedürftigen stehen. Deshalb sollten Pflegeplanungen zusammen mit dem Pflegebedürftigen und unter Berücksichtigung des Pflegegeschehens erstellt werden.« (vgl.: MDS 2014)

Ernährung und Verpflegung

- Inwieweit kann und will der Bewohner in der Küche mit Elektrogeräten umgehen? Bringt er Geräte von zu Hause mit? Stehen diese der Wohngemeinschaft zur Verfügung? Oder sind sie nur zur privaten Nutzung gedacht?
- Inwieweit kann und will der Bewohner aktiv beim Kochen und Backen mitmachen? Braucht er Unterstützung beim Umgang mit Kochgeschirr, scharfen Messern und anderem Kochbesteck? Sind entsprechende Hilfsmittel vorhanden oder sollten welche angeschafft werden?
- Wie sind die Gewohnheiten und Bedürfnisse des Bewohners beim Essen und Trinken? Sind geeignete Hilfsmittel vorhanden, die dem Bewohner ermöglichen, selbstständig zu essen und zu trinken? Werden sie auch eingesetzt? Ist privates Geschirr und Besteck des Bewohners vorhanden, das auf seinen Wunsch hin zu besonderen Gelegenheiten genutzt werden kann?
- Muss die Konsistenz der Speisen und Getränke angepasst werden?
- Was mag der Bewohner besonders gern? Gibt es Speisen und Getränke, die zu bestimmten Zeiten bevorzugt werden? Gibt es Unterschiede zwischen Sommer und Winter? Gibt es Speisen und Getränke, die auf Ablehnung stoßen?
- Liegen Allergien und Unverträglichkeiten vor? Gibt es Empfehlungen für besondere Kostformen? Muss die Versorgung mit bestimmten Vitaminen und Mineralstoffen sichergestellt werden?
- Sind religiöse Speisevorschriften zu beachten?
- Geht der Bewohner gern mal außer Haus essen? Wo? Und mit wem?

Besondere Dienstleistung der Einrichtung

- Der Bewohner darf im Morgenmantel im Zimmer frühstücken, evtl. mit Zeitung.
- An persönlichen Festtagen wird für ein festliches Ambiente gesorgt, beispielsweise wird der Tisch im Speisesaal besonders schön gedeckt.
- Der Bewohner und seine Angehörigen erhalten bei Bedarf eine Beratung zu Fragen der Ernährung.
- An persönlichen Festtagen erhält der Bewohner Gelegenheit zum Essen und Trinken aus eigenem Geschirr mit biografischem Wert, zum Beispiel Erinnerungsstücke, Geschirr mit Goldrand, Silberbesteck, besondere Gläser etc.
- Angehörigen wird (ohne zusätzliche Berechnung) angeboten, zusammen mit dem Bewohner Kaffee zu trinken.
- Bezugspersonen wird ermöglicht, Speisen oder Lebensmittel mitzubringen, die bis zum Verzehr gekühlt werden müssen.
- Angehörigen wird gestattet, regelmäßig Obst, Kuchen etc. mitzubringen. Auf Wunsch werden die Sachen allen Bewohnern der Wohngruppe angeboten.

Wäsche, Kleidung und Schuhe

- Inwieweit kann und will der Bewohner sich aktiv beteiligen, wenn seine saubere Wäsche in den Kleiderschrank eingeräumt wird, wenn seine Oberbekleidung, seine Unterwäsche und die Socken zusammengelegt und verräumt werden?
- Möchte er die Kleidung für den Tag oder für einen besonderen Anlass selbst aussuchen?
- Kann er schmutzige Wäsche in den Wäschesack geben, getragene Kleidungsstücke zum Lüften aufhängen, Kleidungsstücke ausbürsten oder kleine Flecken am Handwaschbecken selbst auswaschen?
- Steht eine Bügelmöglichkeit zur Verfügung, an der der Bewohner seine Kleidungsstücke aufbügeln oder kleine Teile wie Stofftaschentücher selbst bügeln kann?
- Gibt es spezielle Kleidung und Accessoires zu Sonn- und Festtagen, Vorlieben für oder Abneigung gegen bestimmte Kleidungsstücke?
- Sind Empfindlichkeiten gegen bestimmte Fasern bekannt oder gibt es aus medizinischen Gründen Empfehlungen für bestimmte Fasern oder für Kleidungsstücke mit speziellem Schnitt?
- Wie steht es um die Schuhe? Welche sind vorhanden? Müssen neue angeschafft werden? Welche Verschlüsse sind geeignet? Benötigt der Bewohner Hilfsmittel zum an- und ausziehen

(helfende Hände, Stiefelknecht, Schuhlöffel)? Wie und von wem werden die Schuhe geputzt (mit Schuhcreme/Schnellpflege/mit feuchtem Tuch/trocken poliert)?
- Sind eigene Bettwäsche/Handtücher/Waschlappen vorhanden? Können diese mitgebracht und verwendet werden?

Besondere Dienstleistung der Einrichtung
Sofern eine hauseigene/interne Wäscherei vorhanden ist:
- Schnellreinigung der Wäsche
- Fleckentfernung schnell und diskret, Wäsche kann »persönlich« abgegeben werden
- Lieblingsstücke, auch aus Seide oder Wolle, können vom Bewohner getragen werden ohne Angst vor Verlust und/oder Beschädigung
- bestickte Tischdecken und ähnliche Textilien mit biografischem Wert können vom Bewohner aufgelegt und benutzt werden ohne Angst vor Verlust/Beschädigung
- kurze Wege, falls doch einmal Reklamationen anfallen
- Beratung für Bewohner und Angehörige zu: empfehlenswerter Kleidung/Wäsche/bestimmten textilen Fasern/Schuhe unter Berücksichtigung persönlicher Einschränkungen und/oder Diagnosen
- Schuhpflege auf Wunsch, einschließlich Inspektion der Schuhe auf Passform, Bequemlichkeit und Zustand der Sohlen/Schnürsenkel und anderer Verschlüsse

Wohnung und Wohnungspflege

- Inwieweit kann und will der Bewohner sich aktiv beteiligen beim täglichen Bettenmachen, beim Wechseln der Bettwäsche?
- Kann und will der Bewohner beteiligt werden beim Reinigen (feucht abwischen, abstauben) von Möbeln, persönlichen Kleinigkeiten und Dekorationsgegenständen in seinem Zimmer? Sind Allergien gegen Reinigungsmittel und Empfindlichkeiten gegen Geruchskomponenten bekannt?
- Kann er den Hausnotruf, das TV-Gerät (Fernbedienung), Radio und CD-Spieler bedienen?
- Sind frische Blumen gewünscht? Welche? Gibt es eine Abneigung gegen bestimmte Blumen/Düfte?
- Hat der Bewohner ein Haustier? Kann er es mitbringen? Wer kümmert sich um die Beschaffung des Futters und um die Pflege des Tieres?

Besondere Dienstleistung der Einrichtung
- Beratung und Unterstützung von Bewohner und Angehörigen bei der Gestaltung und Einrichtung des Zimmers, gegebenenfalls Hinweis auf Funktionsmöbel. Es werden Räume geschaffen für die sichere Verwahrung sehr persönlicher Dinge, z. B. Zimmertresor.
- Der Bewohner bekommt auf Wunsch einen eigenen Briefkasten und eine Klingel an der Zimmertür (ähnlich dem Eingangsbereich einer Wohnung).
- Angehörige und Bezugspersonen bekommen die Möglichkeit, bei der Wohnungs-/Zimmerreinigung einen Teil regelmäßig zu übernehmen (zum Beispiel Staubwischen aller Möbel, Bilder und Ziergegenstände).

Alltags- und Milieugestaltung, Kommunikation

- Kann der Bewohner seine Wohnung selbst einrichten? Dürfen eigene Bilder aufgehängt und Möbel gestellt werden? Kann er nach eigenen Wünschen den Wohnraum dekorieren?
- Was kann und will der Bewohner lesen? Bekommt er die Tageszeitung oder hat er Interesse an Zeitschriften? Welche Themen sind von Interesse? Liest er Bücher? Welche? Hat er Bücher, die er von zu Hause mitbringen kann und will? Gibt es eine hauseigene Bibliothek und würde er seine Bücher für die Gemeinschaft zur Verfügung stellen? Möchte er Podcasts oder Hörbücher hören? Hat er Zugang zu digitalen Medien und inwieweit kann er selbstständig damit umgehen?
- Welche Musik hört er gern? Braucht er Kopfhörer?

Stehen welche zur Verfügung und kann er selbst damit umgehen?

- Kann und will der Bewohner selbst ein Instrument spielen? Welches? Hat er in der Einrichtung Möglichkeiten allein oder mit anderen zusammen zu musizieren? Singt er gern? Welche Art von Liedern? Hat er Noten oder Liederbücher, die er von zu Hause mitbringen kann? Dürfen auch andere die Musikalien nutzen?
- Kann und will der Bewohner an kulturellen Veranstaltungen im Haus und außer Haus teilnehmen? Ist er interessiert an Konzert, Theater, Kino? Welche Art von Vorstellung gefällt ihm?
- Hat der Bewohner Interesse an gestalterischen Tätigkeiten? Möchte er aktiv mitmachen (nähen, stricken, klöppeln, sticken, malen, drucken, basteln, arbeiten mit Holz, Ton, Wachs …)? Oder möchte er lieber zusehen?
- Hat er von seinem Hobby noch Materialien, Anleitungen, Werkzeuge oder Maschinen, die er mitbringen kann und will? Dürfen diese auch von anderen Bewohnern mitbenutzt werden?
- Hat der Bewohner Interesse an Tätigkeiten im Garten? Ist er gern in der Natur? Mag er Tiere? Welche?
- Welche Sendungen sieht er im TV gern an? Möchte er in Gesellschaft fernsehen? Oder hält er sich dafür lieber alleine im Zimmer auf? Nutzt er eigene digitale Medien über PC oder Tablet?
- Geht er gern einkaufen? Welche Geschäfte sind für ihn interessant?
- Welche Bedeutung haben Angehörige, Freunde und Bekannte für den Bewohner? Bekommt er Besuch? Hat er Bekanntschaften im Haus? Können diese Kontakte gepflegt werden? Wie?
- Hat der Bewohner Interesse an gesellschaftlichen Ereignissen? Nimmt er gern an Festen teil? Will er sich im Fasching/Karneval verkleiden?
- Nimmt er an bewegungsfördernden Aktivitäten wie Gymnastik, Bewegungsspielen oder Spaziergängen teil? Sind Einschränkungen zu berücksichtigen?
- Benötigt er Unterstützung bei der Nutzung des Aufzugs oder des Rollators? Oder im Winter beim Wechseln der Spitzen des Gehstocks?
- Welche Bedeutung hat Religion für den Bewohner? Legt er Wert auf Teilnahme an Gottesdiensten, Andachten oder sonstigen religiösen Angeboten? Pflegt er das persönliche Gebet, religiöse Zeichen und Rituale? Ist Kontakt zum Seelsorger gewünscht? Möchte er Gelegenheit zum Besuch auf dem Friedhof? Wer begleitet ihn dorthin?
- Wie ausgeprägt sind seine Fähigkeiten zur Kommunikation (lesen, schreiben, sprechen, hören, verstehen, sich mit Worten/ohne Worte ausdrücken)? Wie lange kann er sich konzentrieren?
- Sind Fühlobjekte ein geeignetes Mittel, um mit dem Bewohner in Kontakt zu treten? Welche? Worauf reagiert er besonders gut?

Besondere Dienstleistung der Einrichtung

- Theatergruppe für eine Sondervorstellung in die Einrichtung einladen oder mit den rüstigen Senioren ins Theater fahren.
- Film ausleihen und in der Einrichtung einen Kinoabend veranstalten. Mit den rüstigen Senioren eine Busfahrt/Ausflug ins Konzert unternehmen, Sommerkino im Garten anbieten.
- Einrichtung einer mobilen Bibliothek, zum Beispiel mit gespendeten Büchern oder Zeitschriften, die getauscht oder ausgeliehen werden.
- Einrichtung eines fahrbaren Kiosks mit Einkaufsmöglichkeit für frisches Obst und Gemüse und andere Dinge des täglichen Bedarfs, die sonst nicht regulär vom Heim angeboten werden: der »kleine Wochenmarkt« in der Einrichtung ermöglicht dem Bewohner selbst auszusuchen und stückweise zum Selbstkostenpreis einzukaufen (idealerweise vor der Durchführung nach den Wünschen der Bewohner fragen).

Abschließend noch eine Anregung für all jene, die einen Menschen begleiten, der erst am Anfang der Demenzerkrankung steht. Man kann mit ihm gemeinsam ein Buch zusammenstellen, in dem alle persönlich wichtigen und bedeutsamen Dinge notiert werden. Eine Art Memory Book, ein Erinnerungsbuch …

Vielleicht haben Sie in Zusammenhang mit AIDS schon einmal von sogenannten »Memory Books« gehört? Vor allem in stark betroffenen Ländern Afrikas haben HIV-infizierte Eltern, die wussten, dass sie bald sterben würden, Erinnerungsbücher für ihre oft noch kleinen Kinder geschrieben. Darin wurden Gedanken und gute Wünsche notiert, es wurde über die Familie berichtet und es wurden Fotos eingeklebt. All das fand Platz, was als wichtig empfunden wurde und nicht verloren gehen sollte (vgl.: Graf 2007).
So ähnlich ist das Buch »Du, erzähl aus deinem Leben« gestaltet, es lässt Raum für persönliche Notizen und Bilder und kann mit den vorformulierten Fragen zu Kindheit, Jugendzeit, Herzensangelegenheiten, Freizeit und Hobbies, Ansichten, Erkenntnissen und zu gemeinsamen Erinnerungen und Andenken eine wertvolle Hilfe sein für die Erstellung eines biografischen Albums für Menschen mit Demenz. Gerade zu Beginn der Erkrankung ein vielleicht nicht ganz leichtes, aber dafür umso lohnenswerteres Projekt für Ehepartner oder die Familie. Solche gemeinsam mit dem Betroffenen erstellten Erinnerungen sind für die spätere Begleitung von allergrößtem Wert.

Mielke, Rita (Red.) (o. A.): **Du, erzähl aus deinem Leben.** Ein ganz persönliches Geschichtsbuch. Zug: BUTLERS GmbH & Co. KG, Genehmigte Sonderausgabe der Planet Medien AG

4.2 Jahreskalender für die Planung der Betreuungsangebote

Der immerwährende Jahreskalender für die Planung der Betreuungsangebote richtet sich nach den Jahreszeiten und fasst immer drei Monate zusammen. Demnach gehören zum Frühling die Monate März, April, Mai. Zum Sommer zählen Juni, Juli und August. Der Herbst beginnt im September und der Winter geht über den Jahreswechsel hinaus von Dezember bis Februar.

Einmal angelegt, kann dieses Jahresraster immer wieder aktualisiert und um neue Ideen ergänzt werden. Es ist deshalb nützlich, diesen Kalender zu pflegen, da man sicher sein kann, nichts Wichtiges in der Planung zu übersehen – und weil man es sich erspart, jeden Monat aufs Neue zu überlegen, was alles vorbereitet und getan werden muss. Gerade bei Betreuungsleistungen, die zeitlich aufeinander aufbauen, wie bei dem bereits ausführlich beschriebenen Beispiel der Duftsäckchen, ist diese Übersicht eine gute Planungsgrundlage. Ein Jahresraster ist zugleich eine Hilfe bei der Dienstplangestaltung, schließlich kann nicht jedes Betreuungsangebot von jedem beliebigen Mitarbeiter durchgeführt werden.

In der Tabelle (Seite 140/141) haben Sie Platz für:

Besondere Ereignisse

Das sind zum Beispiel gesetzliche Feiertage, hausinterne Feste und regionale Gedenktage, die für die Bewohner erlebbar gemacht und gestaltet werden sollen. Dazu gehören aber genauso auch Volksfeste oder Ausflüge.

Im Frühling sind das beispielsweise die Feiern der Kar- und Ostertage, der Ausflug zum Osterbrunnen, Frauentag, Maifeiertag, Muttertag etc.

In den Sommer fallen die Sommersonnwendfeier, Herrentag, Fronleichnam, ein Besuch im Tiergarten, das Sommerfest, ein Ausflug an den See, Mariä Himmelfahrt etc.

Im Herbst gibt es vielleicht ein Weinfest, ein Kegelturnier, die Feiern von Erntedank und Kirchweih, das Oktoberfest, einen Ausflug in den Wald, die Feiern von Totensonntag und Allerheiligen und manchmal sogar schon den Adventsmarkt.

In den Wintermonaten gehören bestimmt der Advent dazu, die Gedenktage der Hl. Barbara, St. Nikolaus, Weihnachten mit Besuch des Weihnachtsmarktes, die Silvesterfeier und Neujahr, Dreikönig, Lichtmess, der Valentinstag und nicht zuletzt Fasching/Karneval.

Aktivitäten, die einmal im Monat stattfinden

Das können sowohl regelmäßige als auch einmalige Veranstaltungen sein.

Zum Beispiel **Frühling**: Palmbuschen für Palmsonntag binden, jahreszeitgemäße Tischdekoration herstellen, Kochen am Bett, kleiner Einkaufsmarkt im Haus, Frühjahrsputz der Rollstühle und Rollatoren mit Sicherheitscheck anbieten, Kinoabend im Haus, Hochbeete vorbereiten, Kresse ansäen, Geburtstagskarten für die Sommermonate herstellen, monatliche Geburtstagsfeier, Osterbaum schmücken, Ostereier färben, Osterlämmer backen, Osterbuffet auf dem Wohnbereich, Maibowle herstellen, Hochbeete mit Kräutern bepflanzen, Sichten der Bewohner-Kleidung und der Schuhe, bei Bedarf für Reparaturen und Neuanschaffungen sorgen, Umräumen der Kleiderschränke, Maibaum aufstellen, Ausflug der Männergruppe, Muttertagsfeier u. v. a.

Im **Sommer** gehören mancherorts dazu: ein Johannisfeuer im Garten mit Grillabend, Geburtstagskarten für die Herbstmonate herstellen, Besuch der Kneipp-Anlage, jahreszeitgemäße Tischdekoration herstellen, Kochen am Bett, Kinoabend bei schönem Wetter im Garten veranstalten, monatliche Geburtstagsfeier, Rolli-Rallye im Freien (= Hindernisparcours für Rollator- und Rollstuhlfahrer und ihre Begleiter mit Tipps und Tricks für sicheres Outdoor-Fahren), Beerenobst verarbeiten (z. B. Marmelade einkochen), Kräuterbüschel für Mariä Himmelfahrt binden, Apfelgelee herstellen, kleiner hausinterner Einkaufsmarkt u. v. a.

Im **Herbst** kann man: Geburtstagskarten für die Wintermonate gestalten, Snacks und Fingerfood für das Weinfest herstellen, Marmelade kochen, den kleinen Einkaufsmarkt im Haus durchführen, jahreszeitgemäße Tischdekoration herstellen, bei Langzeitkranken am Bett kochen, Kinoabend veranstalten, Herbstcheck der Rollstühle und Rollatoren durchführen, Duftkissen nähen mit Füllungen aus selbst getrockneten Kräutern, Brot backen für Erntedank, Erntedankaltar in der Kapelle herrichten, Sichten der Bewohner-Kleidung und der Schuhe, eventuell für Reparaturen oder Neuanschaffungen sorgen, die Kleiderschränke umräumen, traditionelle Nudeln zu Kirchweih und Weckmänner für Sankt Martin backen, Nikolausstiefel nähen u. v. a.

Im **Winter** gehören vermutlich dazu: das Backen von Plätzchen und Lebkuchen, genauso wie das Herstellen jahreszeitgemäßer Tischdekoration, die monatliche Geburtstagsfeier, das Kochen am Bett. Barbarazweige werden geschnitten und Sankt Nikolaus gefeiert, die Weihnachtsbäume auf den Wohnbereichen geschmückt und die Weihnachtsfeier gestaltet. Der kleine Einkaufsmarkt im Haus wird weiterhin durchgeführt, im Dezember vielleicht sogar mit ein paar Extras, weil die Bewohner für ihre Liebsten Geschenke kaufen wollen. Ganz besonders wäre noch ein Geschenke-Einpack-Service und eine Poststelle. Die Bowle für die Silvesternacht wird hergestellt und vielleicht ein Jahresrückblick für die Silvesterfeier vorbereitet. Im neuen Jahr heißt es dann Geburtstagskarten für die Frühlingsmonate herstellen, den Kinoabend durchführen, die Sternsinger empfangen und die Bewohner-Zimmer segnen lassen, Kostüme für die Faschingsfeier vorbereiten, Schmalzgebäck herstellen und eine Rolli-Rallye im Haus veranstalten (= Hindernisparcours für Rollator- und Rollstuhlfahrer und ihre Begleiter mit Tipps und Tricks für sicheres Indoor-Fahren), Modemarkt mit Modenschau veranstalten (z. B. Bekleidungsgeschäfte vor

Frühling	besondere Ereignisse	einmal im Monat	vierzehntägig	wöchentlich
	März			
	April			
	Mai			

Sommer	besondere Ereignisse	einmal im Monat	vierzehntägig	wöchentlich
	Juni			
	Juli			
	August			

Tabelle Jahreskalender für die Planung der Betreuungsangebote

Herbst

besondere Ereignisse	einmal im Monat	vierzehntägig	wöchentlich
September			
Oktober			
November			

Winter

besondere Ereignisse	einmal im Monat	vierzehntägig	wöchentlich
Dezember			
Januar			
Februar			

Ort zu einer Verkaufsausstellung mit Beratungsservice in die Einrichtung einladen) u. v. a.

Aktivitäten, die vierzehntägig angeboten werden

Das ganze Jahr über geht es zu verschiedenen Zielen für einen Spaziergang in die Natur, zum Einkaufen in den Supermarkt oder auf den Wochenmarkt, es wird gemeinsam gekocht, das Büchermobil kommt in die Bewohnerzimmer und in der Nähstube wird im Handarbeitstreff fleißig gearbeitet. Schließlich wird immer etwas benötigt, sei es für den Sommerbazar, die Tombola oder den Adventsmarkt …

Aktivitäten, die wöchentlich durchgeführt werden

Die Pflanzen in den Hochbeeten werden gepflegt, die Kräuter geerntet und weiter verarbeitet oder durch Trocknen haltbar gemacht. Man trifft sich zum offenen Singen, zu Übungen für Gleichgewicht und Kraft und zur körperlichen Ertüchtigung bei Bewegung zu Musik. Man kommt zusammen zu verschiedensten Tätigkeiten in der Kreativwerkstatt, im Erzählcafé, zum romantischen Vorleseabend bei Wein und Gebäck und in den dunklen Monaten vielleicht sogar bei Kerzenschein (ggf. LED).

4.3 Gemeinsam Schönes erleben – Erfahrungsschätze bewahren: das Weißbuch

Gemeinsam erlebte Zeit, frohe Augenblicke und unbeschwerte Momente, das sind kleine Kostbarkeiten des Alltags, die für alle Beteiligten schön sind. Sie hinterlassen ein gutes Gefühl, das es zu bewahren und am besten immer wieder hervorzuzaubern gilt.

Dafür fällt mir ein schönes Bild ein, ich denke an ein Mosaik. Vermutlich hat jeder schon einmal ein Mosaik gesehen, vielleicht im Urlaub, im Museum oder in einem kunstgeschichtlichen Bildband. Bereits in frühester Zeit haben Menschen kunstvolle Darstellungen als Mosaike gefertigt. Griechen und Römer haben ihre stattlichen Villen und die Tempel ihrer Götter damit geschmückt und bis heute ist es eine hohe Kunst, besonders in der islamisch-arabischen Welt, aus tausenden bunten Steinen oder eigens angefertigten Keramikstückchen Schriftzüge, Grafiken und herrliche Muster auf Wände, Böden und Kuppeln zu zaubern. Und auch wenn das eine oder andere Steinchen im Laufe der Zeit verloren geht, mitunter sogar ganze Teile großflächig herausbrechen, gelingt es den Archäologen und anderen findigen Wissenschaftlern zumeist dennoch, herauszufinden, was auf dem Bild in Szene gesetzt wurde.

Ganz ähnlich könnte man nun vorgehen, wenn man bei dem Bild als Gedankenstütze bleibt und dieses Mosaik mit dem Leben eines Demenzbetrof-

Streller-Holzner, Anna/Dutz, Margarethe (2016): **Rund um den Jahreskreis, Hauswirtschaftliche Betreuung.** Leitfaden zur Umsetzung von Standards in der stationären Altenhilfe. Planegg: Verlag Neuer Merkur

Sie suchen noch nach konkreten Vorschlägen für die standardisierte Umsetzung hauswirtschaftlicher Betreuungsleistungen in stationären Einrichtungen der Altenhilfe? Der Leitfaden »Rund um den Jahreskreis« bietet dafür komplett ausgearbeitete Modelle. Angefangen bei den nötigen vor- und nachbereitenden Tätigkeiten, finden Sie in jedem Standard unter anderem die genaue Anleitung zur Durchführung der Maßnahme und zahlreiche Planungs- und Dokumentationshilfen wie zum Beispiel Zeitschienen, bis hin zu Rezepten und weiteren fachlichen Hintergrundinformationen.

fenen in Beziehung bringt. Jede Erfahrung, jede Begegnung, jedes Erlebnis dieses Menschen stellt ein eigenes Mosaiksteinchen dar und wir als Begleiter entdecken auf unserem gemeinsamen Weg mit dem alten Menschen immer wieder neue Mosaiksteine aus seinem Lebensbildnis. Diese Mosaikfragmente gilt es aufzubewahren und an passender Stelle wieder zusammenzusetzen. Aber nur wenn jeder seine Steine zu denen der anderen Begleiter dazulegt, kann ein Bild entstehen.

»Die Zusammenführung biografischer Angaben ist ein Prozess, der in der Pflegeeinrichtung nicht aufhört. Das bedeutet, dass während der Betreuung und Versorgung immer neue Bausteine aus der Biografie sichtbar werden können und dass sich auch während des Aufenthaltes in der Pflegeeinrichtung neue pflegerelevante biografische Ereignisse ergeben können. Sich hieraus ergebende neue Informationen sind zu beachten und machen ggf. eine Anpassung der Pflegeplanung erforderlich.« (vgl.: MDS 2014)

An dieser Stelle möchte ich mit Ihnen biografisches Arbeiten einmal ganz weit denken. Es geht mir hier nicht um die lebensgeschichtlichen Daten des alten Menschen. Vielmehr geht es darum, die schönen Momente im Leben eines Menschen zu entdecken und diese zu sammeln wie kleine Kostbarkeiten.

Es gibt ein wunderschönes Kinderbuch von Leo Lionni mit dem Titel »Frederik«. Frederik ist eine Feldmaus, die weiß, dass der Winter lang und kalt und grau ist. Um diese schweren Wintermonate zu überleben, sammeln seine Freunde eifrig Körner und andere Mäuseleckereien. Alle arbeiten fleißig, nur Frederik nicht. Er sitzt scheinbar tatenlos und faul herum. Aber Frederik sammelt Sonnenstrahlen, Farben und Wörter, um den Winter zu überstehen, er sammelt Hoffnungen und Träume …

Genau darauf käme es an: nicht nur nüchterne Daten und Fakten aufzuschreiben, sondern darüber hinaus Augenblicke zu sammeln, die wie Sonnenstrahlen Wärme und Wohlsein bewirken. Augenblicke zu sammeln, die strahlend bunt durch das Grau des Tages aufleuchten. Wörter zu sammeln, die das Herz erreichen. Hoffnungen zu erspüren und eine Antwort darauf zu suchen. Träume zuzulassen und still mitzufliegen …

Und exakt darum geht es bei der Idee zu einem »Weißbuch«. (Das Gegenteil davon kennen Sie aus den alljährlichen Berichten über die Verschwendung von Steuergeldern, diese werden im sogenannten Schwarzbuch dokumentiert und veröffentlicht.)
Das »Weißbuch« soll eine Sammlung von guten Erfahrungen und Erlebnissen sein, welche die verschiedenen Begleiter eines alten Menschen mit ihm machen. Diese guten Erfahrungen werden über das Weißbuch miteinander geteilt und damit wird ein Erfahrungsschatz geschaffen, auf den alle Begleitpersonen Zugriff haben. Ja, ich sehe fast, wie Sie die Stirn sorgenvoll in Falten legen – keine Bange, zu den Datenschutz- und Persönlichkeitsrechten komme ich gleich. Wie zuvor schon erwähnt, soll dies nur eine Anregung sein, zum Selbst-Weiterdenken und Weiterentwickeln.

Ich stelle mir das so vor: Es werden Blanko-Karten an einer verabredeten Stelle im Bewohnerzimmer hinterlegt. Darauf werden beispielsweise notiert:

- Aussagen des Bewohners zu seiner Biografie, z. B. Frau Hübner: »Wir hatten Gänse. Um die habe ich mich gekümmert.« → Das Thema Gänse/Bauernhof kann ein Anhaltspunkt für weitere Aktivitäten sein.
- positive Erfahrungen bei Betreuungsleistungen, z. B.: Frau Keller hat Freude beim Sammeln und Pressen von Blättern für die Sonnenbilder → Wenn man mit ihr spazieren geht, Gelegenheit geben zum Pflücken von Blättern und Blumen. Vielleicht möchte sie die gepressten und getrockneten Blätter zu Bildern oder Grußkarten arrangieren?
- Beobachtungen, die von alltäglicher Bedeutung sind, z. B.: Frau Neuner breitet beim Mittagessen immer ihre einlagige Papierserviette auf dem Tisch aus und benutzt sie als Platzset.

→ Sie zeigt durch ihr Verhalten deutlich ein empfundenes Defizit an, das von Seiten der Hauswirtschaft aufgenommen werden sollte. Für die Betreuung kann es eine Anregung sein, gemeinsam mit den Bewohnern Platzsets oder entsprechend zu nutzende Tischläufer zu nähen.
Oder: Herr Müller bekommt alle seine Getränke im Schnabelbecher. Beim Weinfest bekommt er ein Weinglas – und kommt damit hervorragend zurecht! → Betreuungs- und Pflegepersonen sind dazu verpflichtet, Fähigkeiten und Ressourcen der ihnen anvertrauten Menschen zu erhalten und zu fördern. Und nicht nur das, sie müssen alles dafür tun, dass die Würde des kranken Menschen geschützt wird und gewahrt bleibt. Herr Müller sollte also immer aus einem Glas trinken dürfen, mit dem er gut zurechtkommt – und wenn es ein Weinglas ist!
Oder: Frau Schroth hat zum Geburtstag einen Rosenstrauß bekommen. Die Blumen duften. Sie macht immer wieder darauf aufmerksam.
→ Auch hier ein deutlicher Hinweis für alle drei Berufsgruppen: Der Hauswirtschaft sagt diese Beobachtung, dass ein Röschen als Tischdekoration die Bewohnerin erfreut. Pflegekräfte wissen: Rosenduft als Beigabe zum Badewasser oder als Hautpflegecreme kommt bei ihr bestimmt gut an. Mitarbeiter in der Betreuung können davon ausgehen, dass Frau Schroth sicher gern bei der Pflege der Rosensträucher vor dem Haus mitmacht.

- Die Ergotherapeutin kommt regelmäßig zu Herrn Däubler. Er leidet an Parkinson. Die Übungen mit dem Luftballon machen ihm viel Freude. → Der Luftballon kann bei anderen Betreuungsangeboten mit eingebaut werden.
- Frau Heinze ist zur Kurzzeitpflege in der Einrichtung. Sie soll nach einem Krankenhausaufenthalt wieder zu Kräften kommen und bekommt deshalb hochkalorische Fertigkost, lässt sie aber nach einem Schluck immer stehen, weil es ihr absolut nicht schmeckt. Eine Fachhauswirtschafterin stellt für sie aus frischen Zutaten süße und pikante, identisch hochkalorische Mini-Mahlzeiten her, die von Frau Heinze gern gegessen werden. → Die Rezepte werden im Weißbuch geteilt. Auch andere Mitarbeiter des Hauses haben so die Möglichkeit, Frau Heinze dieses Speisenangebot zu machen, und wenn sie wieder nach Hause darf, stehen die Rezepte den Angehörigen zur Verfügung.

Ich glaube, die Idee ist deutlich geworden. Klar ist auch, dass es mitunter um sehr individuelle und persönliche Dinge geht, die natürlich vor unbefugten Augen Dritter geschützt werden müssen. Praktisch könnte das zum Beispiel so funktionieren:

Es wird eine Druck- oder Kopiervorlage erstellt, darauf stehen

1. der Name des Seniors/des Kunden/des Bewohners, wie immer man den zu Begleitenden nennen möchte
2. der Name der für den Eintrag verantwortlichen Begleitperson
3. die Positiv-Beobachtung, evtl. mit Anregung für weitere Betreuungsangebote
4. Datum und Unterschrift
5. Vermerk und Handzeichen des verantwortlichen Mitarbeiters, der sich um die Weitergabe der Informationen an das Betreuungsteam und um die Pflege der Weißbücher kümmert

Jeder Eintrag, der für das Weißbuch gedacht ist, wird also mit dem Namen des Bewohners versehen und von der Begleitperson unterschrieben. Die ausgefüllte Karte wird in einen dafür vorgesehenen Briefkasten am Büro des Wohnbereichs eingeworfen. Der zuständige Mitarbeiter der Betreuung überprüft in regelmäßigen Abständen die Karten. Die neuen Erkenntnisse werden im Team (Betreuung, Hauswirtschaft und Pflege) besprochen. Wird der Eintrag vom Team akzeptiert, wird die Karte im Betreuungsorder abgeheftet. Der Ordner liegt, für alle Begleitpersonen zugänglich, an einer verabredeten Stelle im Bewohnerzimmer aus.

Das Weißbuch soll also keine zweite Dokumentationsmappe werden, es soll lediglich ein kleines Ringbuch sein, in dem wichtige Informationen notiert werden, die für andere mitbeteiligte Betreu-

Eintrag in das Weißbuch von:

---

eine Anregung von (Name der Begleitperson):

Bitte beschreiben Sie, welches Ereignis während Ihrer Begleitung zu einer positiven, froh machenden Reaktion geführt hat:

Datum, Unterschrift der Begleitperson

Sollten Sie während Ihrer Begleitung stark abwehrende oder ängstliche Reaktionen feststellen, bitte ebenfalls hier vermerken, um den Bewohner vor Wiederholungen zu schützen. Bitte werfen Sie diese Karte in den Briefkasten am Büro des Wohnbereichs ein. Danke!

Nach Teambesprechung am .... für Eintrag in das Weißbuch

freigegeben durch... am .... (Handzeichen / Datum)

Abb. 4.1 Blanko-Karte Weißbuch

ungspersonen relevant sein können. Dabei geht es ausschließlich um positive Reaktionen des alten Menschen oder um deutliche Hinweise auf Möglichkeiten zur Verbesserung seiner Lebenssituation.

Es ist ausdrücklich ein Weißbuch mit Eindrücken und Beobachtungen, die sich im Weiteren günstig auf das Erleben und die Alltagsgestaltung auswirken sollen. Beobachtungen, wie zum Beispiel heftige ablehnende Reaktionen auf Aktivitätsangebote oder gar allergische Reaktionen auf Düfte oder Ähnliches, sollten – um den alten Menschen vor Wiederholungen dieser Art zu schützen – ebenfalls darin Platz finden können. Dieses Ringbuch ist dann Eigentum des Bewohners und geht mit, falls er in eine andere Einrichtung zieht oder vielleicht sogar wieder zu Hause betreut werden kann. Negativeinträge zur begleiteten Person, zum Personal oder der Einrichtung haben darin nichts zu suchen! Dass alle begleitenden Personen ihre Einträge korrekt verfassen, kann nicht vorausgesetzt werden. Deshalb ist es durchaus sinnvoll, den Umweg über den Briefkasten zu nehmen und die Einträge erst durch den Verantwortlichen der Betreuung kontrollieren zu lassen, bevor sie für andere zugänglich gemacht werden.

Selbstverständlich muss man das Anlegen und Führen eines solchen Weißbuches zuerst mit dem Betroffenen selbst oder seinen Angehörigen besprechen. Die Absicht, die dahinter steckt, und die Vorgehensweise sollte man am besten im Gespräch ausführlich erläutern, ebenso ist es bestimmt ratsam, ein schriftliches Einverständnis dafür einzuholen. Um die Idee an alle Beteiligten zu vermitteln, ist es gegebenenfalls auch sinnvoll, eine offene Mitarbeiterschulung anzubieten, zu der auch Therapeuten, Angehörige und ehrenamtlich Tätige eingeladen werden. Basiskenntnisse über die Erkrankung Demenz und ihre Folgen können hier ebenfalls gut vermittelt werden, ist der Umgang mit Menschen mit Demenz doch für alle, die sich um sie kümmern, fachlich anspruchsvoll und fordernd (vgl.: MDS 2019). All das muss natürlich auch im Betreuungskonzept der Einrichtung hinterlegt und über das Qualitätsmanagement auf die korrekte Durchführung regelmäßig überprüft werden.

Ein solches Weißbuch kann übrigens auch bei den Vorüberlegungen zur Gestaltung einer Fühldecke nützlich sein. Denn je mehr Informationen vorliegen, die beschreiben, was als schön, angenehm und positiv erlebt wird, desto individueller kann ein Fühlobjekt gestaltet werden. Es soll in erster Linie ja etwas sein, woran der Demenzbetroffene immer wieder Freude hat.

4.4 Rezept für ein Duftkissen mit beruhigender und schlaffördernder Wirkung

Für ein locker gefülltes Kissen in der Größe von ca. 25 cm x 25 cm braucht man:

- 100 g Dinkelspelz
- 10 g Lindenblüten
- 15 g Zitronenmelisse
- 10 g Basilikum (oder/und Schafgarbe)
- 10 g Majoran (oder/und Oregano/Dost)
- 10 g Kamillenblüten
- 30 g Lavendelblüten
- (und zusätzlich nach Belieben eine Handvoll duftender Rosenblüten)

Alle (trockenen!) Zutaten abwiegen, in eine Schüssel geben, sorgfältig mischen und in ein Baumwollkissen füllen. Entweder die Öffnung zunähen oder ein Kissen mit Reißverschluss wählen.

Durch den Gebrauch werden im Laufe der Zeit die Kräuter zerrieben und feinster Staub kann durch die Baumwollfasern rieseln. Deshalb empfiehlt es sich, das Kräuterkissen in eine weitere Kissenhülle aus Baumwolle oder Leinen mit Hotel- oder Reißverschluss zu stecken.

Mutter Natur hat es gut eingerichtet: Möchten Sie die Zutaten zu dem Duftkissen selbst sammeln? Ab Ende Juni finden Sie alles, was Sie brauchen, in Feld und Garten!

Abb. 4.2 Zutaten Duftkissen

Pflegeanleitung für Ihr neues Fühlobjekt

hergestellt von .... für..

Material Oberstoffe ....

Inlay .... Rückseitenstoff..

Bitte alle losen Teile abnehmen und ggf. separat waschen oder reinigen.

Bitte waschen Sie das Fühlobjekt ☐ im Wäschenetz

☐ bei normaler Verschmutzung bei maximal .... °C im Schonwaschgang

☐ mit Colorwaschmittel (Pulver oder flüssig)

☐ keimtötend bei 60 °C im Normalwaschgang (kein Ökoprogramm!)

☐ mit Vollwaschmittel (nur Pulver bzw. Tabs)

☐ schonend maschinell trocknen ☐ nur an der Luft trocknen

☐ bei geringer Hitze (•) bügeln ☐ bei mittlerer Hitze (• •) bügeln

Abb. 4.3 Pflegeanleitung

4.5 Gestaltungsvorschlag für eine Pflegeanleitung

Alternativ zu einer Pflegeanleitung in Form eines Beipackzettels, wie oben abgebildet, können Sie auch professionell aussehende Pflegeetiketten nach eigenen Vorstellungen anfertigen lassen. Vermutlich gibt es darüber hinaus eine Vielzahl von Firmen, die ein solches Angebot machen. Da ich selbst bisher nur bei der in Deutschland ansässigen Firma DORTEX Pflegeetiketten bestellt habe und damit sehr zufrieden bin, teile ich gern mit Ihnen die Internetadresse: https://dortex.de

Auf dieser Seite können Sie Ihr Etikett individuell zusammenstellen, mit eigenem Logo, den gewünschten Pflegesymbolen, individuellen Texten in verschiedenen Schriften usw. Die Etiketten gibt es aus unterschiedlichen Materialien in allen möglichen Größen und Farben, zum festnähen, aufbügeln oder als Anhänger. Sie können realitätsgetreu am Bildschirm entworfen werden und sind in allen Stückzahlen, auch in Kleinstmengen, erhältlich.

4.6 Bezugsquellen für Fühldecken-Zubehör

Falls Sie bei Ihrem Händler vor Ort nicht erhalten, wonach Sie suchen, können Sie es zum Beispiel im Online-Shop der Firma Buttinette (basteln-de.buttinette.com/shop/start) probieren. Meine Erfahrungen mit der Qualität der angebotenen Produkte sind durchweg gut. Für die in diesem Buch vorgestellten Projekte habe ich zwar das Meiste aus meinem Fundus genommen, Manches musste ich aber noch dazu kaufen und habe von der Eigenmarke Buttinette verwendet:

Latzhosenverschlüsse, Taschen- und Halbringe, Karabinerhaken, Zier-, Trachten-, Modeknöpfe, Nähgarne, Paspel-, Naht- und Schrägband, Rollschneiderlineal, Schneidematte und Spieluhr. Füllmaterialien wie Dinkelspelz, Rapssamen, Traubenkerne werden dort auch angeboten.

Darüber hinaus habe ich verwendet:

- von der Firma Prym: Schrägbandformer breit 50 mm und mittel 25 mm, Rollschneider
- von der Firma Vlieseline: Volumenvlies 295 und H640, Verstärkungsvlies H250, Schabrackeneinlage S320
- von der Firma Clover: Stoffklammern »Wonder Clips«
- von den Firmen Javana und Marabu: Seidenmalfarbe für die Sonnenbilder
- von der Firma Kräuter Mieke: Kräuter und Gewürze für Duftkissen
- aus dem Mühlenladen Langenargen: Hirsespelz

Die Gratis-Nähanleitung für die Pompadour-Tasche (Fühltasche Bad, siehe Kapitel 3.1) finden Sie unter https://blog.buttinette.com/naehen/pompadour-mit-innenfaechern-naehen/
(zuletzt aufgerufen am 04.03.2021)

Haben Sie darüber hinaus Fragen zu den verwendeten Materialien, zu den Nähanleitungen oder zu anderen Inhalten dieses Buches, können Sie mich unter folgender Mailadresse direkt kontaktieren:

textile.gebrauchskunst@gmail.com

4.7 Literaturliste

Verwendete Literatur

- Baumann, Robert (2019): **Vollwaschmittel hat einen Zusatznutzen.** In: rhw praxis, Heft 4/2019, S. 23ff. Planegg: Verlag Neuer Merkur
- Bockmühl, Dirk (2018): **Keim daheim.** Alles über Bakterien, Pilze und Viren, S. 234ff. München: Droemer Verlag
- Bödeker, Klaus/Melzer, Einhart (2006): **Besonderheiten beim Prüfen in Seniorenheimen.** In: Elektropraktiker, Heft 5/2006, S. 382ff. Berlin: HUSS Medien GmbH
- dgh Deutsche Gesellschaft für Hauswirtschaft (Hrsg.) (Feb. 2012): **Den Alltag leben!** Hauswirtschaftliche Betreuung. Ein innovativer Weg für soziale Einrichtungen und Dienste. Osnabrück
- Graf, Christa (2007): **Damit du mich nie vergisst: Afrikas Kinder und die Memory Books.** München: Piper Verlag
- Kästner, Erich (1996): **Als ich ein kleiner Junge war**, 7. Auflage 2007, S. 63ff. und S. 203f. München: Deutscher Taschenbuch Verlag
- KDA Kuratorium Deutsche Altershilfe (2012): **Selbstbestimmung und Autonomie fördern!** Das Recht auf Privatheit auch bei Pflegebedürftigkeit und Demenz, Pro Alter 44. Jahrgang, Ausgabe 02/2012, S. 10ff. Köln: Verlag Kuratorium Deutsche Altershilfe
- Kiefer, Bernd/Rudert, Bettina (2007): **Der Therapeutische Tischbesuch.** TTB – die wertschätzende Kurzzeitaktivierung, Hannover: Vincentz Network
- Kiefer, Bernd/Rudert, Bettina (2009): **Die TTB – Fühlschnur.** Materialien zur wertschätzenden Kurzzeitaktivierung. Hannover: Vincentz Network
- Kitwood, Tom (1997): **Demenz.** Der personzentrierte Ansatz im Umgang mit verwirrten Menschen, 7. überarbeitete und ergänzte Auflage 2016. Bern: Hogrefe Verlag
- Korte, Martin (2012): **Jung im Kopf.** Erstaunliche Einsichten der Gehirnforschung in das Älterwerden, 3. Auflage Pantheon-Ausgabe Dezember 2014. München: Deutsche Verlags-Anstalt
- Korte, Martin (2017): **Wir sind Gedächtnis.** Wie Erinnerungen bestimmen, wer wir sind. S. 97ff. München: Deutsche Verlags-Anstalt
- Landlust September/Oktober 2013, **Malen mit der Sonne,** S.140ff. Münster: Deutsche Medien Manufaktur
- MDS Medizinischer Dienst des Spitzenverbandes Bund der Krankenkassen Grundsatzstellungnahme (Mai 2014): **Essen und Trinken im Alter.** Ernährung und Flüssigkeitsversorgung älterer Menschen, S. 73, S. 144 (unveränderter Nachdruck 2015). Köln: asmuth druck + crossmedia gmbh & co. kg.
- MDS Medizinischer Dienst des Spitzenverbandes Bund der Krankenkassen Grundsatzstellungnahme (Dez. 2019): **Menschen mit Demenz.** Begleitung, Pflege und Therapie, S. 52ff. Dortmund: Koffler DruckManagement GmbH
- Mielke, Rita (Red.) (o. A.): **Du, erzähl aus deinem Leben**. Ein ganz persönliches Geschichtsbuch. Zug: BUTLERS GmbH & Co. KG, Genehmigte Sonderausgabe der Planet Medien AG
- Mizuno, Yoshiko (2012): **Nähen perfekt – Die Grundlagen sauberen Nähens.** 4. durchgesehene Neuauflage 2017. Grünwald: Stiebner Verlag
- Mühlegg-Weibel, Andrea (Hrsg.) (2011): **Demenz verstehen.** Leitfaden für die Praxis, ein Gemeinschaftswerk der SeneCura Kliniken- und Heimbetriebs GmbH Wien, Senevita AG Wabern, Sonnweid Campus, Wetzikon. Wetzikon: Druck-Team AG
- Müller-Hergl, Christian (2012): **Die Hölle der Langeweile.** Wie kann man der Langeweile begegnen, mit ihr leben oder sie dezimieren? In: pflegen: Demenz, Zeitschrift für die professionelle Pflege von Personen mit Demenz, Heft Nr. 23/2012, S. 8ff. Hannover: Friedrich Verlag
- Otterstedt, Carola (2005): **Der nonverbale Dialog.** Für Begleiter von Schwerkranken, Schlaganfall-, Komapatienten und Demenz-Betroffenen mit Übungen zur Wahrnehmungssensibilisierung. Dortmund: verlag modernes lernen

- Romer, Marion (2007): **Aromatherapie.** Lexikon der heilsamen Düfte. Stuttgart: S. Hirzel Verlag
- Schlesselmann, Elke (2015): **Der Geist kann nicht ruhen.** Wie sich Wahrnehmung und Bewusstsein bei Immobilität verändern. In: Pflegezeitschrift. Fachzeitschrift für stationäre und ambulante Pflege, 68. Jahrgang, Heft 3/2015, S. 154ff. Stuttgart: Verlag W. Kohlhammer
- Schmieder, Michael (2015): **Dement, aber nicht bescheuert.** Für einen neuen Umgang mit Demenzkranken, 6. Auflage 2016. Berlin: Ullstein Buchverlage
- Schmieder Monika (2011): **Was geht, wenn nichts mehr geht.** In: Demenz verstehen. Leitfaden für die Praxis, Kapitel 5.1.1 Sonnweid Campus Wetzikon (siehe oben: Mühlegg-Weibel, Andrea (Hrsg.) (2011): Demenz verstehen)
- Scholz-Weinrich, Gabriele/Graber-Dünow, Michael (2015): **Lebensraum Bett.** Bettlägerige alte Menschen im Pflegealltag. Hannover: Schlütersche Verlagsgesellschaft
- Schützendorf, Erich (2015): **Das Recht der Alten auf Eigensinn.** Ein notwendiges Lesebuch für Angehörige und Pflegende, 5. Auflage. München: Ernst Reinhardt Verlag
- Spitzer, Manfred (2000): **Geist im Netz.** Modelle für Lernen, Denken und Handeln, S. 243ff. Heidelberg/Berlin: Spektrum Akademischer Verlag
- Taylor, Richard (2007): **Alzheimer und ich,** 3. ergänzte Auflage 2011, S. 146. Bern: Verlag Hans Huber
- Wojnar, Jan (2007): **Die Welt der Demenzkranken.** Leben im Augenblick, S. 90. Hannover: Vincentz Network

Verwendete Internetquellen

- dnqp, Deutsches Netzwerk für Qualitätsentwicklung in der Pflege (Mai 2019): **Expertenstandard Beziehungsgestaltung in der Pflege bei Menschen mit Demenz**
  https://www.dnqp.de/de/expertenstandards-und-auditinstrumente/#c4624162,
  (zuletzt aufgerufen am 04.03.2021)

→ *Das Deutsche Netzwerk für Qualitätsentwicklung in der Pflege (dnqp) hat seinen Sitz an der Hochschule in Osnabrück und ist ein Zusammenschluss von Fachkräften in der Pflege, die Expertenstandards zu allen Einsatzfeldern in der Pflege erarbeiten. Das im Mai 2019 erschienene Werk befasst sich mit der Lebenswelt der von Demenz Betroffenen. Als Download findet sich ein Auszug, in dem unter anderem in der Zielsetzung die Bedeutung der person-zentrierten Ausrichtung der Pflege als eine Haltung betont wird, welche »die Person in den Mittelpunkt stellt und dabei die Demenz nicht als medizinisches Problem wahrnimmt, sondern den Menschen mit Demenz als einzigartiges Subjekt mit individuellen Unterstützungs- und Beziehungsbedarfen sieht.« (S.29)*

- DGUV Deutsche gesetzliche Unfallversicherung Spitzenverband, Information 215-210: **Natürliche und künstliche Beleuchtung von Arbeitsstätten**, September 2016
  https://www.dguv.de/publikationen
  (zuletzt aufgerufen am 04.03.2021)

Weiterführende Literatur

- aid infodienst Bonn (2002): **Giftige Pflanzen im Garten, Haus und öffentlichen Grün,** Heft 1395/2008, 2. überarbeitete Auflage 2008. Köln: Moeker Merkur Druck
- aid infodienst Bonn (2009): **Heil- und Gewürzpflanzen aus dem eigenen Garten**, Heft 1192/2011, 15. veränderte Neuauflage 2011. Paderborn: Bonifatius GmbH
- aid infodienst Bonn (2013): **Küchenkräuter und Gewürze**, Heft 1372/2013, 5. Auflage. Reinheim: Druckerei Lokay e. K.

→ *Das Bundeszentrum für Ernährung (BZfE) und*

das Bundesinformationszentrum Landwirtschaft (BZL) führen seit Februar 2017 unter dem Dach der Bundesanstalt für Landwirtschaft und Ernährung (BLE) die Arbeit des aid infodienstes fort. Viele aid-Publikationen sind über den BLE-Medienservice noch erhältlich, andere werden aktualisiert herausgebracht. Hier finden Sie fundierte Informationen zu kleinem Preis oder als kostenlosen Download.
BLE Medienservice, Deichmanns Aue 29, 53179 Bonn, www.ble-medienservice.de

- Bremness, Lesley (1988/1990): **Hausbuch der Kräuter,** Bindlach 1996: Lizenzausgabe für Gondrom Verlag
- Booth, Abilgail (2017): **wild gefärbt.** Pflanzen sammeln, Stoffe färben, Schönes nähen. Bern: Haupt Verlag

→ *Naturfreunde möchten sich vielleicht darin versuchen, Stoffe mit selbst hergestellten Farben zu färben. Welche Pflanzen sich dafür eignen, wie man genau vorgehen muss und was sich daraus machen lässt, beschreibt die Autorin in ihrem schön gestalteten und reich bebilderten Buch.*

- Brokamp, Birgit (Red.) (2019): **Landlust Naturrezepte Sonderheft.** Gesund durch Herbst und Winter. Münster: DMM Verlagsgruppe, LV Publikumsmedien GmbH & Co. KG

→ *In diesem Heft finden sich Porträts von verschiedenen Beerensträuchern, Getreidesorten und Gewürzen mit Angaben zu Vorkommen, Verwendungsmöglichkeit und Wirkungsweise. Ein Kapitel widmet sich der Herstellung und Verwendung von Wärmekissen.*

- Deutscher Caritasverband e. V./Diakonisches Werk der Evangelischen Kirche in Deutschland e. V. (Hrsg.) (2009): **Wenn in sozialen Einrichtungen gekocht wird.** Die Leitlinie für eine gute Lebensmittelhygienepraxis in sozialen Einrichtungen. Freiburg im Breisgau: Lambertus Verlag

→ *Eine Neuauflage erscheint im August 2021. Besonders interessant an diesem Werk finde ich, dass, angefangen bei kleinen Küchen über Cafeteria und Kiosk bis hin zu Großküchen, alle Bereiche berücksichtigt sind.*

- Deutscher Caritasverband e. V./Deutsche Gesellschaft für Hauswirtschaft e. V. und Diakonie Deutschland (Hrsg.) (2013): **Wäschepflege in sozialen Einrichtungen.** Leitlinie für das Wäschemanagement. Freiburg im Breisgau: Lambertus Verlag

→ *Wäschepflege ist weit mehr als nur die Reinigung und Wiederaufbereitung von Textilien. Das Buch macht aufmerksam auf die Bedeutung von Kleidung und ist ein informativer Ratgeber zum gesamten Wäschekreislauf.*

- Deutsche Gesellschaft für Hauswirtschaft e. V. (Hrsg.) (2017): **Werteorientiertes Handeln in der Hauswirtschaft.** Ethische Leitlinie und Umsetzungshilfen. Freiburg im Breisgau: Lambertus Verlag

→ *Hauswirtschaft wird nicht unbedingt sofort mit ethischem Handeln in Verbindung gebracht. Bei genauem Hinsehen erkennt man unschwer, dass es keine person-zentrierte hauswirtschaftliche Tätigkeit gibt ohne ethisches Fundament. Eine Grundlagenlektüre zu den zehn Leitsätzen der Hauswirtschaft.*

- Deutsche Gesellschaft für Hauswirtschaft e. V. (Hg.) (2018): **Mahlzeiten wertschätzend gestalten.** Blicke über den Tellerrand verändern die Gemeinschaftsverpflegung. Freiburg im Breisgau: Lambertus Verlag

→ *Zu einer Mahlzeit gehört nicht nur die Nahrung. Das Buch weitet den Blick vom Tischgast über den Raum, in dem gespeist wird, bis hin zu denjenigen, die für die Zubereitung und den Service verantwortlich sind. In allen Betrachtungen ist die wertschätzende Haltung das grundlegende Element.*

- Lehmannn, Irene (Red.): **Wildkräuterfibel.** Verlagsbeilage zur Zeitschrift Mein schönes Land, Ausgabe unbekannt. Offenburg: Burda Senator Verlag GmbH
- Recht, Christine (1988): **Küchenkräuter**. Würzkräuter kennenlernen und selbst ziehen, 3. Auflage 1991. München: Gräfe und Unzer GmbH
- Shah, Zeena (2015): **Stempel Stoffdesign.** Über 20 Anleitungen für handbedruckte Accessoires, deutsche Ausgabe 2018. Münster: LV-Buch im Landwirtschaftsverlag GmbH

→ *In diesem Buch bekommen Sie viele Anregungen, wie man aus haushaltsüblichen Gegenständen Stempel herstellen kann und wie das mit dem Stoffdruck genau vor sich geht. Nicht alles ist für die Arbeit mit Senioren geeignet, aber es finden sich durchaus praktikable Ansätze und Anregungen.*

- Staack, Swen (2004): **Milieutherapie.** Ein Konzept zur Betreuung demenziell Erkrankter. Hannover: Vincentz Network

→ *Die Milieutherapie versteht sich als ein ganzheitliches Modell der Begleitung von Menschen mit Demenz und berücksichtigt »materielle (räumliche-sachliche-atmosphärische) Gesichtspunkte, organisatorische Gesichtspunkte der Betreuungsarbeit, Wahrnehmung, Einstellung und Wissen der menschlichen Umgebung (Betreuer, Personal)« und den »Umgang mit demenziell Erkrankten (z. B. vielfältige therapeutische Angebote, bewusste Alltagsgestaltung).« (S. 14)*

- Streller-Holzner, Anna/Dutz, Margarethe (2016): **Rund um den Jahreskreis,** Hauswirtschaftliche Betreuung. Leitfaden zur Umsetzung von Standards in der stationären Altenhilfe. Planegg: Verlag Neuer Merkur

Zuletzt noch ein Tipp für die Praxis:
Zur schnellen und unkomplizierten Bestimmung von heimischen Pflanzen (Blumen, Sträucher, Gräser, Farne, Bäume) mit dem Smartphone gibt es eine interessante kostenlose App mit dem Namen »Flora Incognita«. Sie wurde entwickelt von der Technischen Universität Ilmenau und dem Max-Planck-Institut für Biogeochemie Jena und erhielt im Frühjahr 2020 den Thüringer Forschungspreis in der Kategorie Angewandte Forschung. Zu jeder der über 4.800 hinterlegten Arten finden Sie in dem Pflanzensteckbrief unter anderem auch Hinweise zu Verbreitung, Schutzstatus, Verwendungszweck (essbare, medizinische und andere Verwendungen) und Giftigkeit (mögliche Gefahren).
Weitere Informationen finden Sie unter https://floraincognita.com/de/apps/flora-incognita (zuletzt besucht am 04.03.2021)

Für Ihre Notizen